北京联合大学规划教材建设项目资助

问卷调查数据分析实务
（第2版）

WENJUAN DIAOCHA
SHUJU FENXI SHIWU

董焱　王晓红　牟静 编著

首都经济贸易大学出版社
Capital University of Economics and Business Press
·北京·

图书在版编目(CIP)数据

问卷调查数据分析实务/董焱等编著. --2版. --北京:首都经济贸易大学出版社,2019.8

ISBN 978-7-5638-2941-5

Ⅰ.①问… Ⅱ.①董… Ⅲ.①问卷调查—统计分析 Ⅳ.①C915-03

中国版本图书馆CIP数据核字(2019)第102280号

问卷调查数据分析实务(第2版)
董 焱 王晓红 牟静 编著

责任编辑	彭伽佳
封面设计	风得信·阿东 FondesyDesign
出版发行	首都经济贸易大学出版社
地　　址	北京市朝阳区红庙(邮编100026)
电　　话	(010)65976483　65065761　65071505(传真)
网　　址	http://www.sjmcb.com
E-mail	publish@cueb.edu.cn
经　　销	全国新华书店
照　　排	北京砚祥志远激光照排技术有限公司
印　　刷	北京市泰锐印刷有限责任公司
开　　本	710毫米×1000毫米　1/16
字　　数	259千字
印　　张	14.75
版　　次	2015年2月第1版　**2019年8月第2版** 2019年8月总第5次印刷
书　　号	ISBN 978-7-5638-2941-5/C·151
定　　价	34.00元

图书印装若有质量问题,本社负责调换
版权所有　侵权必究

前 言

问卷调查和数据分析是当今社会经济研究的重要方法。数据分析工作质量的高低不仅关系到研究者的研究目的是否可以达到、研究成果是否令人满意,而且关系到社会资源是否被有效地利用。一份调查问卷发出后,需要少则几百人,多则数千数万人填写数据,特别是全国人口1%抽样调查,更是需要上千万人填写数据。一次社会调查的完成不仅涉及许多人的劳动,更重要的是倾注了被调查者的诚实和精力。所以,一套调查数据是珍贵的社会资源,如果不对其进行高质量的分析和深入的挖掘,是对社会资源的浪费,也是对被调查者诚实和精力的不尊重,更是对自己所研究项目的不负责任。

常常听到调查者抱怨:问卷难发、被调查者不认真等。但是反过来,调查者扪心自问:我们是否珍惜了宝贵的数据资源?是否可以高质量地分析数据?是否可以发现有价值的数据规律?许多专业公司或研究者辛辛苦苦完成调查后,数据分析却不够深入,高质量的数据没有被充分地分析和挖掘,令人惋惜。

目前市场上的数据分析书籍众多,主要分为三大类:一是从方法论出发,分为统计学、数据挖掘等;二是从工具使用出发,最典型的是社会统计软件(SPSS);三是从某类模型出发。本教材旨在帮助学习者从研究目的出发,结合变量类型选择方法和工具,以系统的观点,从整体上考察各个变量及其关系,再考虑采用的方法和工具,从而避免数据分析中常见的问题,帮助读者写出高质量的、深刻的数据分析报告。

本教材是在张士玉教授的专著《问卷调查数据分析与实务》(首

都经济贸易大学出版社,2015)基础上改写而成,该书是北京联合大学服务外包人才培养模式创新实验区专项资助的成果,集中反映了张士玉教授在本领域多年的研究成果与心得,被国内多所高校选为教材,产生了良好的社会影响。应使用该教材的高校教师的呼吁,首都经济贸易大学出版社决定由作者将原专著改编为教材,以适应教学的需要。

本教材由北京联合大学规划教材建设项目资助,被列入北京联合大学十三五规划教材。按照学校的相关规定,由于张士玉教授已届退休年龄,故由董焱教授担任主编,编写者还包括王晓红教授、牟静副教授。在写作过程中,张士玉教授高风亮节,给予了细致的指导,并慷慨提供了多年来积累的丰富的参考资料,保证了本教材的顺利完成。

本教材撰写分工:董焱撰写第1、6、7章,王晓红撰写2、5章,牟静撰写3、4章,董焱负责统稿。与原专著相比,本教材对第1章做了较大的增改,主要增加了问卷设计方面的内容。在体例上,各章前有导入案例,便于读者理解调查分析方法的应用场景;各章后有习题,帮助读者复习巩固;部分章节对分析案例增加了操作步骤,方便读者掌握具体方法。

由于笔者的学识水平所限,修订也比较匆忙,书中一定存在许多错误和疏漏之处,热忱欢迎广大读者批评指正。

编著者
2018.9.30

目 录

1 问卷调查及调查组织 ·· 1
　　导入案例　美国总统选举与抽样调查 ··· 1
　　1.1　统计分析与问卷调查 ·· 2
　　1.2　构念与测量变量 ·· 9
　　1.3　量表设计 ··· 10
　　1.4　信度与效度 ·· 16
　　1.5　抽样调查的原则与方法 ··· 17
　　1.6　问卷发放 ··· 22
　　1.7　数据分析 ··· 24
　　1.8　统计分析工具 ··· 27

2 数据准备 ·· 31
　　导入案例　关于家庭理财市场的调查 ·· 31
　　2.1　问卷审查 ··· 34
　　2.2　数据编码 ··· 39
　　2.3　数据录入 ··· 40
　　2.4　数据文件整理 ··· 51

3 单选题设计与数据分析 ·· 64
　　导入案例　不同区域考生报考志愿的差异 ·· 64
　　3.1　单选题种类及设计时的注意事项 ·· 65
　　3.2　单选题数据分析 ·· 68
　　3.3　检验变量数据差异的三层次法 ··· 95

02 CONTENTS

  3.4 算例分析 …………………………………………… 98
  3.5 两定性变量数据分布的回归描述 …………………… 108

4 多项选择题的数据分析 ……………………………………… 114
  导入案例 消费者使用手机品牌情况 ………………… 114
  4.1 问题的提出 ………………………………………… 115
  4.2 多选题的频数统计 ………………………………… 116
  4.3 多选题选项分布差异的显著性检验 ……………… 118
  4.4 分组变量与选项的影响分析 ……………………… 121
  4.5 基于关联规则的多项选择题分析 ………………… 123

5 排序题分析 …………………………………………………… 143
  导入案例 一般多选题和排序题 …………………… 143
  5.1 排序题的形式与作用 ……………………………… 143
  5.2 排序题的数据预处理 ……………………………… 145
  5.3 排序题的一般性统计 ……………………………… 147
  5.4 排序题的模型建立 ………………………………… 151
  5.5 排序题的聚类分析 ………………………………… 157

6 变量的综合与群体分类 ……………………………………… 169
  导入案例 CNNIC 网络调查中的聚类分析 ………… 169
  6.1 变量的加权综合 …………………………………… 170

6.2　对变量的综合与聚类 ………………………………………… 181
　　6.3　聚类分析法的群体分类 ……………………………………… 185

7　建立模型 ……………………………………………………………… 194
　　导入案例　大学新生专业选择倾向的调查 …………………… 194
　　7.1　无因果关系的多元变量描述与建模 ………………………… 194
　　7.2　多元因果解释预测模型 ……………………………………… 204
　　7.3　分类变量与连续变量的双向分析 …………………………… 214
　　7.4　决策树模型 …………………………………………………… 220

参考文献 ………………………………………………………………… 225

1 问卷调查及调查组织

 导入案例

美国总统选举与抽样调查

1936年,美国总统大选在共和党候选人兰登(Alfred M. Landon)和民主党候选人罗斯福(Franklin Delano Roosevelt)之间展开。当时,美国的《文学文摘》(Literary Digest)杂志邮寄了1 000万份调查问卷,最后回收了大约240万份有效问卷,用来预测当年的美国总统大选结果。调查结果认为兰登可以高票当选,事实上却是罗斯福获胜。

但该年,盖洛普(Gallup)民意调查公司(下称"盖洛普公司")却以区区5万份问卷成功地预测了大选结果。为什么会产生这样迥异的结果呢?

《文学文摘》寄发的1 000万份问卷的依据是该杂志的订户、电话簿以及一些俱乐部的会员,这些人在当时都是属于经济状况较好的人群,因而在抽样上已经产生了相当的偏误;此外,收回的240万份问卷皆属于"自愿回复",这意味着该调查有高达76%的遗漏值。由于调查抽样的样本集中于经济状况较好的人群,他们政治上倾向于共和党,而当时还处在1929—1933年世界经济大萧条余波中的大多数经济状况不是那么好的选民们,对胡佛总统的共和党政府心存不满,因而把希望寄托在民主党候选人罗斯福身上,这就造成了预测与结果的偏差。

盖洛普公司使用的方法是"配额抽样",即根据选民的总体特征、住所、性别、年龄、教育程度、种族、兵役状态、是否属于工会等,使各类受访人群中都有一定配额。通过配额抽样,已经将样本选择的偏误控制住了,抽样的样本能够较好地代表不同选民的倾向性,预测的品质自然比较好。

基于1936年的成功经验，1948年，盖洛普等三家民意调查公司都使用配额抽样的方式进行面访调查，在选举投票前，三家公司均根据调查得出杜威至少会胜出5个百分点的结论，但是大选结果却是杜鲁门以接近50%的得票率获胜，击败杜威略多于45%的得票率，也就是最终反倒是杜鲁门胜出了5个百分点左右，出现了预测失准的结果。

预测失准的原因在于，当时处在第二次世界大战刚结束、冷战(Cold War)刚开始的时期，美国国内气氛令人不安，时任总统杜鲁门并不被看好一定可以连任，竞选对手杜威有机会挑战杜鲁门。在这种情形下，样本选择是否有代表性便成为预测正确与否的关键。在配额抽样中，每位面访员依照各类配额对受访者进行调查，但是受访者的选择是由面访员自己决定的，是否符合条件由面访员主观决定，极有可能造成选样偏误，最终导致这次预测失准。

有了1948年的失败经验之后，民意调查公司在抽样方法上进行了修正，从原先的方便抽样改为随机抽样，以减少人为选样的偏误。值得注意的是，从1952年起，盖洛普公司仅使用3 000~8 000左右的样本数就使得民意调查的准确度显著提升，1948年到2012年之间，民意调查都准确地预测了美国总统大选的实际投票结果。这说明随机抽样配上良好的调查设计，搜集数据并开展统计分析，可以在民意调查中取得精准的效果。

2016年美国总统选举的民意调查则错得离谱。例如，某民调公司在大选前一天还预测希拉里有72%的可能性入主白宫。概括其失误的原因，主要包括：①调查涵盖不足。民意调查并没有涵盖足够数量的低教育程度白人，也就是特朗普的主要支持者。②调查过度估计少数族裔投票的力度。③很多被调查者不敢承认自己的真实想法。④摇摆不定的人临时改变主意。还有其他一些政治运作的因素，这些原因交织在一起，造成2016年总统大选民意调查失准。

1.1 统计分析与问卷调查

在上述案例中，我们接触到了问卷调查、随机抽样、统计分析等概念，这是本书要研究的主要方面。问卷调查与统计分析，从大的学科范畴来讲，属于统计学学科;从研究方法的角度,属于抽样调查;从应用领域来讲,通常应用于社会调查。

1.1.1 统计学

统计学是有关如何测定、收集和分析反映客观总体数量的数据,以便给出正确认识的方法论科学。统计学的应用领域和范围非常广泛,包括物理学、生物学、医学到社会科学、人文科学、政府的信息决策等方面,包含调查、收集、分析、预测等流程,它主要是从大量的数据中总结出一些经验规律,为决策提供参考依据。

我们周围有无限多的数据。所谓数据,就是一系列数字的集合或者符号的集合体,数字数据基本上都是零散的,都会有一定的不确定性。只有将数据置于特定的系统中,才能了解数据的性质,例如,数据的汇总、平均值、倾向、分类等。统计学是一个体系化的方法论,用来查看零散的、具有不确定性的数据的性质,从大的数据(总体)中取出一部分(样本),查看样本的性质,以推测原来的大的数据的性质等。

统计学体系可以分为两大类:描述统计学和推论统计学。描述统计学(descriptive statistics)是研究如何取得反映客体的数据,并通过图表形式对所搜集的数据进行加工处理和显示,进而通过综合概括与分析,得出反映客体现象的规律性数量特征的一门学科。描述统计学的内容包括:统计数据的收集方法、数据的加工处理方法、数据的显示方法、数据分布特征的概括与分析方法等。推论统计学(inferential statistics)是研究如何根据样本数据推断总体数量特征的方法。它是在对样本数据进行描述的基础上,对统计总体的未知数量特征做出以概率形式表述的推断。概括地说,推论统计学是在一段有限的时间内,通过对随机过程的观察来进行推断的。简言之,它是从总体中取出一部分样本,通过样本的特点推论总体的特点。

1.1.2 统计分析

统计分析是利用统计学的原理和方法,运用大量统计数据反映、研究和预测社会经济活动的现状、成因、本质和规律,并得出结论和提出问题解决办法的一种应用统计方法。

在前大数据时代,对涉及数量特别庞大的社会现象等的研究,采用基于抽样的问卷调查及数据分析,是最重要的数据采集与分析方法。进入了大数据时代后,大数据分析应运而生。大数据分析是指对规模巨大的数据进行分析。大数据的特点可以概括为 4 个 V:数据量大(volume)、变化速度快(velocity)、类型多样(variety)、价值巨大(value)。

大数据的出现使统计学的作用更加明显。人们利用统计分析方法建立模型,利用大数据开展分析,在战略决策、市场营销、疫情控制、舆情分析等方面取得了有效成果,人们更多地采用基于大数据分析的方法来开展决策。因此,统计分析将在大数据时代更加受到重视(如图 1-1 所示)。

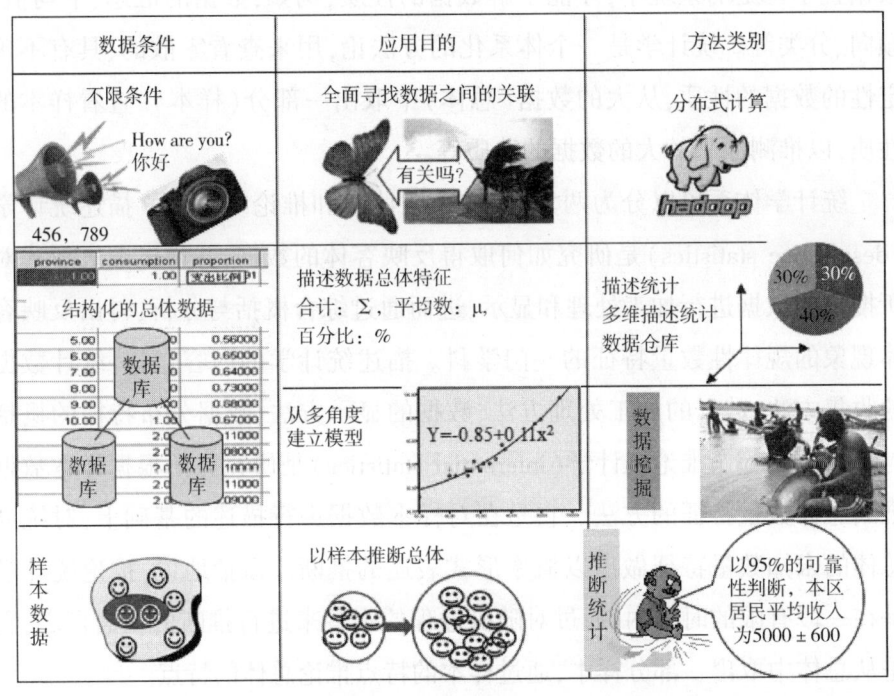

图 1-1　统计分析方法在大数据时代的应用

我们从数据的广度和分析的深度两个维度,可以把数据分析划分为如下4个层次：

(1)描述分析(descriptive analysis)，解决"是什么"的问题。具体方法：特征参数。

(2)诊断分析(diagnostive analysis)，解决"为什么"的问题。具体方法：综合描述和建立模型。

(3)预测分析(predictive analysis)，解决"如果怎样……则怎样(if...then...)"的问题。具体方法：模型的准确性高并且不断进化；机器学习。

(4)控制分析(prescripctive analysis)，解决"控制结果"的问题。具体方法：模型+对输入的实时监控；基于大数据分析的智慧城市(城市大脑)、智慧社区、智慧营销等。

本书研究的内容主要是第(1)和第(2)层次，第(3)和第(4)层次是在此基础上采用现代信息技术开展的数据分析。

1.1.3 问卷调查法

问卷是指为统计和调查所用的、以设问的方式表述问题的表格。问卷调查法是调研者通过问卷的形式向目标群体进行资料收集、征求意见或了解情况的一种方法。问卷调查法是调研者用问卷这种控制式的测量对所研究的问题进行度量，从而搜集到可靠资料的一种方法。

问卷调查法是国内外社会调查中使用较为广泛的一种方法。在问卷调查法中，问卷大多用面访、邮寄、个别分送或集体分发等多种方式向目标群体发送。由调查者按照表格所问来填写答案。根据需要，问卷调查的目标群体采用特定的抽样方法确定。

1.1.4 问卷调查与数据分析的实施过程

基于抽样调查方法的问卷调查的实施有固定的程序。通常可以将问卷调查及数据分析的过程分为5个阶段：选题阶段、准备阶段、调查阶段、分析阶段、总结阶段(如图1-2所示)。

(1)选题阶段。问卷调查的开展往往源自现实的需要，如高校教师的科

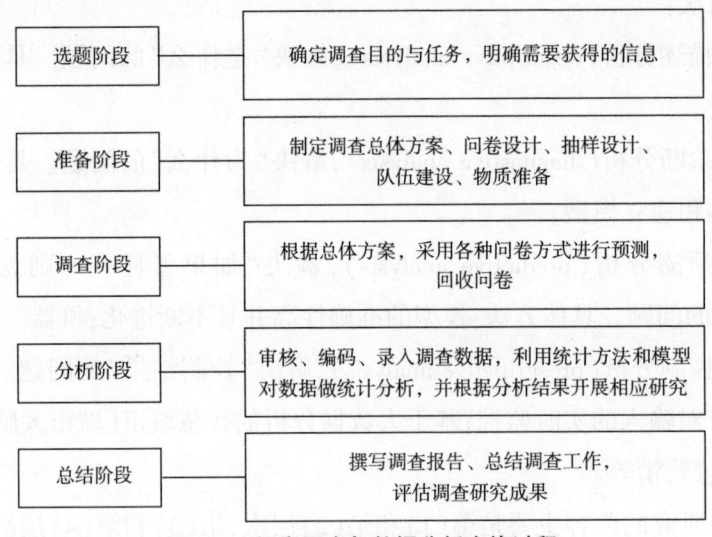

图 1-2　问卷调查与数据分析实施过程

研项目、公司的营销战略等研究课题。问卷调查要根据课题的需要明确调查目的,包括需要获得什么信息等。在选题阶段,这些目的和信息需要是朦胧的、不完整的,要通过项目提出者、问卷调查设计者和调查分析执行者的探讨,使调查目的和信息需要逐渐明确,这样才能在调查总体和方案具体细节方面有针对性。

(2)准备阶段。制定调查总体方案,进行问卷设计,并综合各种基本的概率抽样方法,制定一个可行的、精度满足要求且费用最少的抽样方案。抽样方案应包括:调查哪些抽样单位、抽样失败时的补救措施、调查数据获得后主要信息量的统计公式等。本阶段还要开展队伍建设工作,如调查面访人员的培训等;在物质准备方面,则包括纸质问卷印制、购买发放给被调查者的小礼品等。

(3)调查阶段。根据调查总体方案,采用各种方式方法进行施测,包括面访、电话采访、书信邮寄、网络调查等,然后回收问卷。

(4)分析阶段。对回收的调查数据进行审核,订正填报错误;编码、录入调查数据;利用统计方法和模型对数据进行统计分析,并根据分析结果开展相应的研究。

(5)总结阶段。撰写调查报告是问卷调查与分析工作必不可少的环节。调查报告应列举获得的各项统计数值和分析预测结果,陈述数据中反映的问题及相应的建议。一个好的调查报告应当对该调查的得失进行总结,对调查研究成果进行评估,为今后类似的调查提供经验。调查报告提供的特征量的均值、方差、测量值的变异性质等都可以在未来的抽样调查中成为重要的参考依据。

1.1.5 问卷调查与分析常见的错误

问卷调查与分析常见的错误主要可归为三大类:一是问卷设计缺陷;二是缺少对数据分析方案的整体设计;三是在分析过程中不能根据所发现的问题构造变量,继续深入分析。

(1)问卷设计缺陷。问卷设计若有缺陷,这种先天缺陷在以后的分析中难以弥补。问卷设计最重要的两个原则是准确和简约,但二者是冲突的,问卷设计者要在这两个原则之间寻找平衡。一般来说,在简约方面,问卷调查不应花费被调查者 20 分钟以上的时间;在准确方面,对于一个测量变量,常常要用 4 个以上的问题项目测量。研究人员在设计问卷之前应做以下 3 个主要决策:

①问卷要调查哪些变量?问卷设计要突出研究的重点。

②问卷中的变量之间是什么关系?一份典型的问卷应包括预测变量(解释变量)、结果变量和被调查者的背景资料。

③问卷中所含的变量是什么样的结构?确定所要研究的变量由哪些观测维度组成,例如,工作满意度的组成维度可以是:工作兴趣满意度、社会地位满意度、薪酬满意度、工作环境满意度、发展前景满意度、对上司的满意度、对同事的满意度等。

(2)数据分析方案设计不足。分析方案设计不足主要是缺少对数据分析方案的整体设计。设计分析方案是做好数据分析的前提,是必需的工作。

为什么要进行方案设计?基于两点理由:第一,数据分析方法博大精深,同一种数据组合往往可以采用不同的分析方法。第二,数据组合数量庞

7

大。设变量数量为 m，则两两之间的组合数量为 $(m^2-m)/2$。一份简单的问卷经过数据准备后转化为20个变量，两两之间具有190对组合，同时还要进行3个及以上变量组合分析，每种组合的分析方法不止一种。鉴于此种情况，如果在分析之前没有一套完整的分析方案设计，许多问题难以考虑全面。对数据分析方案进行整体设计的好处包括：①有助于系统、全面地考虑问题；②有助于工作按步骤、有计划地展开；③有助于团队工作。

数据分析想做到尽可能系统、全面，就要根据数据组合做大量工作。如果事先没有制订良好的计划，当工作进入一定阶段后，分析结果大量堆积，一是没有良好的工作秩序，二是自己常常忘记哪对组合已经做过分析，不得不做重复性和无用性工作。特别是团队工作，一定要有分析方案，然后按照分析方案分配任务、制订计划，以提高工作效率。

总之，做好数据分析方案的顶层设计是必需的，开始可能不习惯，但要强制这样做，思维方式转变了，工作结果会大不相同。

(3) 分析过程中不能重新构造变量。数据分析要做到深入和透彻，发现隐藏在数据背后的现象和规律，观察的角度就不能仅限于问卷中的测量项目本身，而要根据在分析过程中发现的新问题、新现象和新特征重新构造变量，再对新的变量进行分析。表1-1列出了不同研究视角需要构造不同的变量，以及采用的相应方法。

表1-1　研究视角与构造变量的方法

研究视角	构造变量	方法基础
反映整体概况	综合变量	算术运算、加权平均
社会群体的偏好特征	群体特征变量	聚类分析
若干变量的共同因素	合成变量	因子分析
同时出现的若干选项	频繁集变量	关联规则和算术运算

许多问卷在数据分析过程中往往止于某种方法本身而不再做深入的分析。例如，当采用聚类分析方法对社会群体按照某一个或两个变量聚类之后，这部分分析就到此为止。实际上，聚类分析不是目的，只是解决问题的

手段之一,还有许多问题没有说明,例如,这些类别群体的自然特征结构如何？社会特征结构如何？态度如何？行为上具有何种特征？等等。上述问题都需要继续分析,否则只能停留在浅表层次。

1.2 构念与测量变量

构念来自心理学,最早由美国心理学家乔治·凯利(George Alexander Kelly,1905—1967)提出。构念是一个人在生活中经由对环境中人、事、物的认识、期望、评价、思维所形成的观念,是人们用来解释世界、分析世人的观点,是人们用来对事件进步整理分类的概念,也是人们看待并控制事件的思维模式。由于每个人的生活经验不同,个人构念自然也因人而异,因此,个人构念代表了他的人格特征。

个人构念就像一种微型科学理论,是一个人用之预期事件的主要工具。凯利认为:"人类通过由他创造的各种半透明的模式或样板去观察世界,然后试图去适应构成这一世界的现实……"这些供人们试用的各种模式就是不同的构念,如果由某种构念产生的预测为经验所证实,那么这种构念就是有用的,如果这种预测没有得到证实,就必须修正或抛弃这种构念。

不同领域的学者创造出了许多构念,这些构念有助于把各种现象概念化。构念具有以下特点:①构念是研究者创造出来的;②构念是抽象的、不可直接观察的;③构念是与理论和模型相联系的;④构念是清晰而明确的;⑤构念不仅是一个概念,也是为了研究中某个特别的目的存在的。

社会调查中也会用到构念及相关概念。例如,在一项企业人力资源研究课题中涉及3个构念:员工与组织关系、工作绩效、员工态度。其中,工作绩效和员工态度是已存在的构念,而员工与组织关系是研究者新创造的构念。研究者创造员工与组织关系这一新的构念是为了研究员工与组织关系对员工工作绩效和员工态度的影响。但是"员工与组织关系"这一构念的内涵是不清晰的,它可以指员工与组织之间的正式合约关系,也可以指组织承诺、组织认同等。从构念的特点来看,可以认为这不是一个好的构念,因此,研究者在一开始就应对"员工与组织关系"做概念性分析,以免造成对这一构念的误解。

1.3 量表设计

设计问卷应考虑统计所需做的测量,即需要进行问卷的量表设计。问卷的问题形式多种多样,从大的方面来看,可以分为开放式、是非式、选择式、排序式、评分式、联想式等;从小的方面来看,则涉及语言技巧的运用和处理。

1.3.1 结构化问卷设计

在考虑问卷设计要点的过程中,可以采用结构化方法设计问卷,即按照自顶向下的原则,从研究目标开始,从所要调查问题的类别分解到所要观测的变量,最终到测量项目(如图1-3所示)。

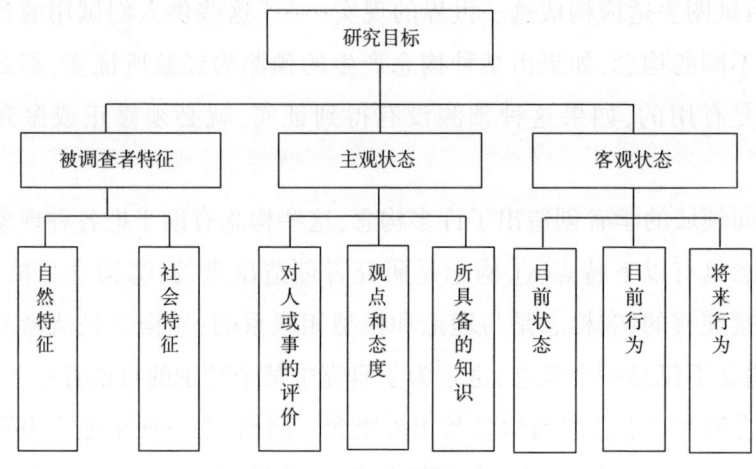

图1-3 结构化问卷设计框架

1.3.2 定量测量和定性测量

测量是指确定一个特定分析单位的特定属性的值或水平的过程。1951年,史蒂文斯(S. Stevens)提出:"从广义而言,测量是根据法则给事物分派数字。"该定义包含3个要素:事物的属性、数字、分派规则。事物的属性,如温度、质量、时间等是物理属性,知识、能力、智力、态度等是心理属性,行为是社会属性。这个定义概括了物理测量、心理测量和社会测量的共性。

社会测量是根据一定的规则将数字和符号分派给社会现象所具有的属性或特征,从而使社会现象数量化或类型化。基于问卷的抽样调查本质上是对社会现象进行的一种观察与测量。

(1)定性测量。定性的属性,即不是用数字的而是用定性的标示或名称来表示其相应的范畴。例如,眼睛颜色这样一个变数是定性的而不是定量的变数。在统计中,定性测量可转变为定量测量。

(2)定量测量。任何用数字测量的属性都可以称为定量属性或变量。

1.3.3 测量层次

测量包括定类测量、定序测量、定距测量和比率测量。

(1)定类测量(nominal measurement),也称名义测量或类别测量。所有定性的测量都是定类测量,本质上是一个分类体系,用数字表示个体在属性上的特征或类别上的不同,不同的数字代表不同的类。这些数字只起区分的作用,无大小和程度之分,不能比较大小,也不能做运算。用定类测量得出的数据称为定类数据或名义数据;取值用定类数据表示的变量称为定类变量,也称名义变量。如:

性别:男、女;

职称:教授、副教授、讲师、助教;

足球场上的位置:前锋、前卫、后卫、守门员。

定类测量至少要有两个种类,类之间相互排斥,分类要包罗无遗,若列举无法穷尽,应在各类最后列出"其他"选项。

(2)定序测量(ordinal measurement),也称等级测量或顺序测量,用以对事物进行排序,是用数字表示个体在某个有序状态中所处的位置(层次、水平)。数据所表示的种类按其属性的值依次排列等级。这些数据除能做分类外,还可以比较大小(能够排序),但不能做运算。定序测量得出的数据称为定序数据或顺序数据;用定序数据表示的变量称为定序变量,也称等级变量或顺序变量。如:

按受教育程度,取值:$X=1$(小学及以下),$X=2$(初中),$X=3$(高中或中职),$X=4$(大学),$X=5$(硕士研究生),$X=6$(博士研究生)。

考察人们对坚持锻炼身体的态度时,从不重要到很重要分为5级,取值:$Y=1$(很不重要),$Y=2$(不重要),$Y=3$(一般),$Y=4$(重要),$Y=5$(很重要)。

(3)定距测量(interval measurement),也称等距测量或间距测量。定距测量用以测定从一个等级到下一个等级的单位差。在给事物及属性指派数字时,定距测量既能用于将事物区分为不同类型并进行排序,又能用于指出类别之间准确的差距是多少。定距测量计算的结果是数值,定距测量给出的个数值或等级之间的差距是相同的,即有相等的单位,但没有绝对的零点。0值代表被测事物的某一水平,不是没有,例如,0℃不是没温度。这些数值除具有定类数据和定序数据的特性外,还可以进行加、减运算,但由于没有绝对零点,故不能进行乘、除运算。定距测量得出的数值称为定距数据;定距变量也称为间距变量、等距变量。如:

用温度计测出的温度是一个定距变量;在教育研究中,往往把百分制考试成绩视为定距变量,考试分数视为定距数据,这样做一方面有利于对考试成绩做深入的统计分析,另一方面,好的试卷也确实能保证考试分数基本服从正态分布。在这种情况下,考试分数可以通过一定的方法转化为具有相等分数的标准分数。

(4)比率测量(ratio measurement),也称定比测量或比例测量,是对测量对象之间的比例或比率关系的测量。例如,对出生率、死亡率、性别比例、劳动力负担系数、工资增长速度等反映两个数值之间比例或比率关系的社会现象的测量。其测量结果一般用百分比来表示,有时也可用绝对数来反映。如:

甲地出生率为20‰,乙地出生率为15‰,甲地出生率比乙地出生率高

25%;农村性别比例为118,城市性别比例为107,前者比后者高11等。比率测量具有绝对零点,0就是没有。例如,重量为0就是没有重量。

低等级变量的计算方法同样可以适用于高等级变量,反之则不可以。

1.3.4 问卷设计技巧与常见错误

1.3.4.1 问卷的适切性

就其本质而言,问卷是调查者与被调查者就特定问题进行对话和沟通的媒介。既然是对话和沟通,就不能不是一种互动,而作为联结这种互动关系的媒介(即问卷),必须同时具有对互动双方的适切性。所谓问卷的适切性,广义地说,就是指问卷对调查所涉及的各个环节、各种因素的适应与切合程度。其中最主要的内容有:①问卷所显示的调查选题与样本性质的切合程度;②问卷所包含的全部提问项目与调查目标的切合程度;③问卷所包含的全部提问项目与被调查者的切合程度。

在问卷调查中,可能造成调查误差的原因主要包括:

(1)回答者感到访问不合法,认为访问可能是为了兜售商品或其他商业目的;

(2)回答者感到调查的信息会对自己不利(如在一些政治态度或宗教信仰调查中),或侵犯隐私(如收入调查、纳税调查等);

(3)回答者拒绝合作;

(4)回答者知道调查者想知道什么;

(5)回答者"标准地"回答,而不管这样的回答是否诚实;

(6)回答者害怕自己的回答会暴露自己缺乏教育;

(7)回答者不愿浪费时间,认为该项研究不适合自己;

(8)回答者认为问题设计不明确,不能回答。

1.3.4.2 问卷设计中的错误

(1)一问两答的问题。把应该分别作答的问题放在一个问题中征答。例如:"你们公司对刑满释放人员和残疾人员有特别的雇佣政策吗?"这种情况应当把它分拆成两个独立的问题来征答。

(2)含糊不清的问题。即问题定义不准确。例如,"你使用哪种牌子的洗发用品。"对此,调查对象可能有4种理解:最喜欢使用的品牌;最常用(未必是最喜欢)的品牌;最近在用的品牌;首先想到的品牌。另外,该问题在时间上也不明确。避免含糊不清的问题可采用六要素明确,即在问题中尽量明确什么人、什么时间、什么地点、做什么、为什么做、如何做。因此上题可改为:"在过去6个月内你们家使用什么牌子的洗发用品。如果超过两种,请列出其他品牌的名称。"同时要避免使用含糊的形容词、副词,特别是描述时间、数量、频率、价格等时,不要使用"有时、经常、偶尔、很少、很多、相当多、几乎"等,可以用定量描述代替。

(3)措辞水平。例如,把麻醉品依赖者称为"瘾君子",把身体残障人士称为"残废"等。

(4)抽象的与实际的问题。例如,"职业倦怠"是一个抽象概念,在调查时应当用"情绪低落""压力很大""不感兴趣"等实际问题来调查。

(5)诱导性问题。例如,"你是喜欢用质量较好但价格较高的A商品,还是用质量较差但价格较低的B商品。"

(6)敏感性或威胁性问题。例如,调查政治态度,可能因为顾虑,被访者不愿按照自己的真实想法回答;涉及收入时,被访者可能有意隐瞒收入的实际情况。

(7)问题中包含计算。包含让被调查者计算的问题设计都是不合适的。设计问题时,应着眼于取得最基本的信息,计算应在数据处理阶段通过计算机程序进行,以减少被调查者的负担。例如,"你们家人均电话费用支出是多少?"可改为:"你们家的人口数为几个?""请问包括月租费在内,你们家每月固定电话支出大概为多少?"分解为两个问题后,就避免了让被调查者计算的问题。

1.3.4.3 问卷顺序安排

正确的问卷排序应该合乎问题之间的逻辑,前后连贯,先易后难,避免因顺序安排不当导致回答者中止作答。例如,大部分问卷排序在调查一开始就要求被调查者填写姓名、性别、年龄、婚否、职业等,这有点类似填写调查表,容易引起被调查者的反感。

正确的安排顺序是:

(1)基本信息安排在前,分类信息居中,鉴别信息放在最后。基本信息是实现研究目标所必需的信息,如产品、价格、分销、促销信息的调查;分类资料,即将被调查人按年龄、性别、职业、学历等予以归类的资料;鉴别性信息,如被调查人的姓名、住址、联系方式等。这样,只要基本信息得到回答,后两类问题不回答或因故中止也无关大局。

(2)先易后难。容易、直观、清楚的问题置前,困难、复杂、敏感、窘迫的问题置后。

(3)总括性问题应先于特定性问题。总括性问题是指对某个事物总体特征的提问,如"在选择洗发用品的不同品牌时,哪些因素会影响你的选择?"特定性问题是指对事物某个要素或某个方面的提问,如"您在选择洗发用品品牌时,价格因素处于一个什么样的重要程度?"

(4)注意问题的取舍。首先,按调查题组织问题,每个问题都应有益于调查信息的取得。其次,为融洽调查气氛,可以设置一些表面上与主题无关但实质上有益于调查的问题。最后,在问卷开始时设置一个"过滤性"问题,检查被调查者的合法性。例如,进行网络游戏体验调查时,可以先提问:"您玩过网络游戏吗?"这样就可以过滤掉那些不玩网络游戏的人,从而避免收到不符合要求的答卷。

1.3.4.4 尽量采用高等级变量测量

前已述及,等级变量的计算方法同样可以适用于高等级变量,反之则不可以。对于事物属性的测量,能够采用高等级变量,就不要采用低等级变量。典型的不当问题,例如:你的月收入是多少?

①小于1 000;　②1 000—1 999 元;　③2 000—2 999 元;……

收入本来可以采用比率测量这一最高等级变量进行测量,可以采用任何计算方法,既可以计算均值、中位数等,也可以进行任何需要的分组,重要的是更有利于进行相关、回归、聚类等分析。如果采用了上述那种分组形式的定序测量,则难以采用只适用于比率变量的方法。

正确的方法是：您的月收入大约是_____元。

之所以许多人采用不恰当方法，是因为看到一些公开公布的统计资料是分组的。在此要对一些不合格的调查者提出批评，人家公布的是统计结果，怎么能够认为这就是原始数据呢？

1.4 信度与效度

1.4.1 问卷信度

问卷的信度是指问卷测量的可靠程度。所谓信度(reliability)，是反映测量的稳定性与一致性的指标，即对同一事物进行重复测量时所得结果一致性的程度。一致性程度越高，信度就越高；反之，信度就越低。

大部分信度指标都以相关系数表示，称为信度系数。信度系数介于1和0之间。对同一调查对象的两次甚至多次测试结果一样，则该问卷的信度系数为1，表明该问卷的测试结果完全可靠。反之，如果信度系数接近于0，则该问卷的信度很低，甚至不能用。实际上，信度为1和信度为0的问卷都很难碰到。

问卷信度的高低取决于对随机误差控制的水平。尽可能减少随机误差，提高问卷调查的信度，是问卷设计与整个调查过程中必须时时要注意的问题。

1.4.2 问卷效度

所谓效度(validity)，是指测量的有效性。问卷的效度，即有效性，是指问卷是否测出了研究者想要测量的东西，所测的结果是否能正确、有效地说明所要研究的现象。

信度与效度的关系如图1-4所示。效度主要与问卷设计有关；信度则与问卷设计、被调查者和调查组织有关。问卷要有好的效度，必须做到调查目标准确、测量值准确。

1 问卷调查及调查组织

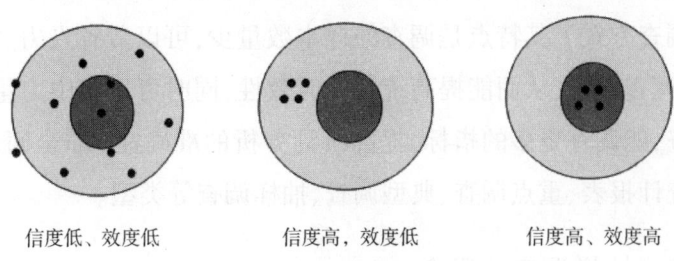

信度低、效度低　　　信度高、效度低　　　信度高、效度高

图 1-4　信度与效度的关系

1.5　抽样调查的原则与方法

问卷调查在实施时要结合抽样。抽样的主要优点是：①相对于全面调查，抽样调查可以减少调查的工作量，调查内容可以更全面、更专业，可以保证调查对象的完整性；②抽样调查可以从数量上以部分推算总体，利用概率论和数理统计原理，以一定的概率保证推算结果的可靠程度，起到全面调查、认识总体的功能，同时也可以保证调查的精度；③抽样调查是针对总体中的一部分单位进行的，因而可以大大减少调查费用，提高调查效率；④抽样调查收集、整理数据、综合样本的速度快，可以保证调查的时效性。

1.5.1　总体与样本

在抽样调查中有两个概念至关重要，即总体和样本。总体（population）是研究分析对象的全部，而样本（sample）是整个总体中的一个子集或部分。

1.5.2　全面调查和非全面调查

从涉及的样本数量的角度，问卷调查可以分为全面调查和非全面调查。

（1）全面调查是对调查对象中的全部调查单位（即全部样本）无一例外地进行调查登记的一种调查方式，如普查和全面统计报表。通过全面调查，能够掌握比较全面的、完整的统计资料，了解总体的全貌，但它需要花费较多的人力、物力和财力，以及较长的时间，操作比较困难。

17

(2) 非全面调查是指只对总体中的一部分单位(即部分样本)进行登记或观察的调查方式。其特点是调查的样本数量少,可以节省人力、物力和财力,缩短了调查期限,从而能提高统计的时效性,同时可以集中力量做深入、细致的调查,能调查更多的指标,提高统计分析的准确性。非全面调查又分为非全面统计报表、重点调查、典型调查、抽样调查等类型。

1.5.3 抽样调查的概念

抽样调查属于非全面调查,是按照随机的原则从总体中抽取部分实际数据进行调查,并运用概率估计方法,根据样本数据推算总体相应的数量指标的一种统计分析方法。其目的在于通过部分样本的调查分析取得反映总体情况的信息资料。

根据抽选样本方法的不同,抽样方法可分为产生概率样本的抽样法和产生非概率样本的抽样法两类。在前一样本类型中,每个回答者的选择概率是已知的;而在后一样本类型中,回答者的选择概率是未知的。我国习惯上将概率抽样称为抽样调查。

问卷调查分析是否能够准确反映调查客体的实际状况,做出精准预测,如何进行抽样至关重要。

1.5.4 概率抽样

概率抽样又分随机抽样、系统抽样、分层随机抽样和聚类抽样4种。

(1) 随机抽样(random sampling)。随机样本是最典型的概率样本形式。在随机样本中,每一个分子均有被选作样本的同等概率,而每一个分子的集合体均有成为实际样本的同等概率。抽样时,为每一个分子编号,然后随机抽取分子,可使用随机数表。随机抽样的优点是:可以消除偏见,并为估计抽样误差提供统计手段。没有替入的抽样叫作简单随机抽样(simple random sampling)。

例如,张×是汉族,北方人,65岁,受过大学教育,而李×是壮族,南方人,30岁,受过六年级教育,若将他们两人均包括在一项关于麻醉品服用的研究的全体中,则他们两人均有被选作随机样本的同等概率。

(2)系统抽样(systematic sampling)。假定调查对象被随机地列在抽样范畴中,然后选择它们之中的1/K进行抽样调查。系统抽样可以看成是实际上近似随机抽样,其优点是较实用,工作量较小,易操作,可减少误差。一般来说,方法越复杂,误差的机会就越大。系统抽样比随机抽样更依赖抽样范畴的适当性。

系统抽样不是从一个名单中随意地挑选,这种过程既费力,又不一定是随机的(不像在随机抽样中那样)。简单得多的方法是:可假定这些单位被随机地列在抽样范畴中,然后选择它们之中的1/K,以K作为任何常数。调查人员可将K置于他所希望的任何数上,依样本所需要的抽样范畴的比率而定。例如,若K是2,样本就是总体的一半。若K是20,样本就是总体的5%。

系统抽样的样本称作系统样本(systematic sample)。按定义,一个1/K的系统样本就是通过在抽样范畴中选择K的每个分子而确定的样本。第一个分子可以是随机选择的,随后每隔K个单位抽取一个单位作为调查样本的组成部分。

例如,在商场里做的街角抽样,若能假定有充分的顾客,系统抽样明显胜于随机抽样:假定$K=10$,第一个顾客可以从第一个10人中随机地选择,而后每10个顾客之一就可访谈。当最后一个顾客正被访谈时,第一个顾客可能已回家睡觉了。但采用随机抽样(不假定有顾客出现的随机顺序),研究人员就得留住所有的顾客,直到得到一个完全的总体为止,然后将他们列名到一个抽样范畴上,给他们全部编上号,接着做随机选择,之后他才能开始访谈。未被选择的那些人不能随便让他们回家,直到整个样本完成为止。

(3)分层随机抽样(stratified sampling)。将总体分子分为不重叠的数层,然后从每层中选取一个简单随机样本。分层随机抽样可以应用于任何相互排除(非重叠)的人群,而不管他们是否有等级顺序。

有等级顺序的群体以高校教师群体为例,可将高校教师分为正教授、副教授和助理教授三个等级。分层抽样的组成包括:将全部正教授都列名在一个同类群体中,接着是全部副教授,再接着是全部助理教授。依次分层开列名单之后,一个随机(或系统)样本就从每一层群体中抽到了。这一程序不仅使一个非分层抽样范畴(有等级循环周期的)避免可能采用一个系统样本的偏向,而且也省时省钱。

如果分了层的变量(如军人的或专业人员的等级)与其他变量(年龄、性别、收入)相关,在访谈时节省时间和费用的可能性甚至更大。因此,一个分层样本将不仅保证被抽样的总体中所有等级的代表性,而且同时保证了所有年龄和收入等级的代表性。

(4) 聚类抽样(cluster sampling),聚类样本是简单的随机样本,其中每一抽样单位均是分子的集成或聚类。例如,首先抽学生的群体或聚类,如年级或宿舍的样本,然后从这些聚类中选择最后的学生样本。聚类抽样的样本是从聚类中抽取的。

1.5.5 非概率抽样

非概率抽样有方便抽样、定额抽样、维量抽样、立意抽样和雪球抽样5种。

(1) 方便抽样,或称偶遇抽样(convenience or accidental sampling),调查人员仅选择离得最近的人作为回答者,在准确度上有所不足,但节省时间和金钱。最常见的例子就是使用初学社会科学的学生作为问卷回答者,或者学生在做问卷调查时,习惯使用同班同学或熟悉的人群作为问卷回答者。

(2) 定额抽样(quota sampling)是该分层抽样的非概率抽样的对应词,所不同的是前者必须加上一个限定:每一层一般都在与整个总体相同比例的样本中有其代表。而在定额样本中,调查人员首先决定哪一层适于做将要进行的研究,例如,以共和党人和民主党人做投票行为的研究;以黑人、白人和美洲原住民做种族关系的研究。接着,调查人员为每一层确定一个同其在整个总体中的代表成比例的定额。例如,若某城市已登记选民名单表明:60%是民主党人,40%是共和党人,那么,研究人员就不会希望用全体民主党人或全体共和党人进行一项关于投票选择的研究,而只要一个反映同一比例的样本。在定额确定之后,接下来是寻找具有所需要特征的人,在关于投票人选择的研究中,一个200个回答者的样本意味着需要120个民主党人和80个共和党人。尽管民主党人和共和党人都不代表整个总体的随机选择,至少该两部分人在样本中的比例同整个总体中的比例是相同的。

(3)维量抽样(dimensional sampling),基本上是定额抽样的一种多维量形式。首先,一一开列总体中所要研究的所有维量(变数),然后确定这些维量的每一结合均由至少一个个案来反映。这一方法设计可用于进行只要求有一个小样本的研究,以便对所抽取的每一个案的研究均比在一项大规模研究中所可能做到的更为细致,并克服样本小存在的某些必需的变数值未能体现的危险。

在维量抽样中,首先,明晰地描绘出你最终希望概括的整体的轮廓;其次,清楚地说明与这一整体成员有关的最重要的维量,并产生一个包括这些维量的值的各种结合在内的类型;最后,用这一类型作为抽样范畴,以从整体中选出较小数量的个案,从这一类型的每一方格(cell)中抽出典型的个案。

(4)立意抽样(purposive sampling)或判断抽样(judgemental sampling)。研究人员依其对所要选择的回答者的判断,只选择那些最适于该项研究目的者。立意抽样的优点在于:研究人员可应用其研究技能和已有知识来选择回答者。例如,他可找"70年代参加工作的国有企业工人"或"浙江省全体男孩"。

(5)雪球抽样(snowball sampling)。雪球抽样要分步进行:第一步,认定和访谈几个具有所需要特征的人,这些人被用来作为提供情况的人,依靠他们去认定其他合格的人。第二步,访谈这些人,这些人又回过来引领去找在第三步中可被访谈的更多的人,如此类推下去。如果想使雪球样本是概率的,应该在每一阶段随机地抽样;如果想使雪球样本是非概率的,则可以在第一阶段运用定额抽样等方法。

1.5.6 样本数

抽样需要最低限度的适当的样本数。正确的样本数依总体的性质和研究目的而定。研究对象数量小的、限于小圈子的总体,可能需要一个百分之百的样本。通常样本数取决于将被抽样的总体数量,在概率抽样中,样本通常应在 200 个以上,100 是最低限度。不规范且样本数量不足的抽样是不可能说明问题的。

一般来说,样本数为 100 到总体数量的 1% 之间,如果总体数量的 1% 数据量过大,可以适当减少。著名调查公司(如盖洛普公司)认为 5 000 个样本可以作为上限,但是也不一定,例如,我国进行的 1% 人口抽样调查,样本数就超过一千万。

1.6 问卷发放

1.6.1 问卷调查工作实施程序

问卷调查主要包括如下流程:

(1)编写调查指南。实施调查时,应当编制调查指南,说明各项目如何填写,用以指导调查员的工作。

(2)预先测验。在正式发放问卷进行实测时,应当小范围开展预先测验,以发现问卷设计中的问题并加以修订。

(3)问卷发放。在抽样基础上,采用当面询问、函寄、电话访问、网络调查等手段发放问卷。

(4)资料整理。问卷回收后,对数据进行过录、汇总、统计、分析。

1.6.2 网络调查

除了面访,现在问卷调查越来越多地采用了网络调查方式。

(1)网络调查的概念。网络调查也称在线调查,是指通过互联网及社交媒体发布调查问卷来收集、记录、整理和分析调研问题的信息。网络调查一般是针对那些对信息极为敏感、具备高度的信息收集和选择能力的网络用户群体开展调查。

例如,中国互联网络信息中心(CNNIC)每年的 1 月和 7 月发布的"中国互联网络发展状况统计报告",截至 2018 年 1 月份,已发布 41 次。报告中公布的关于互联网的各种宏观、微观的统计调查资料,对政府、企业更好地掌握网络在我国的发展情况,利用互联网提供决策依据有着十分重要的意义。

目前,可提供在线问卷调查和分析的免费平台有问卷星、问卷网、第一调查网、腾讯问卷等。

(2)网络调查的优点有:

①时效性强,可获得实时信息。网络调查利用互联网的优势快速传输问卷,无须调查者花大量时间分发和收集问卷,数字化的数据可被立即处理成有用的信息,并可以图表形式显示调查结果。网络调查极大地改变了传统调查方式耗费较长周期过录和整理数据的状况,决策者可以得到更多实时信息,大大提高了统计数据的质量与时效性。

②实施成本低,投入少。网络调查是无纸化调查,且不需要入户调查员,可以低成本地接触全球范围内的广大用户,从而节省了人力和物力的投入,降低了成本。

③被调查者具有主动性。网络调查是开放的,被调查者在任何时候、任何地点都能方便地回答问题,并且有相关的反馈意见,被调查者的参与变得积极主动。

④更高的应答率和准确性。因网络调查操作简单方便,同时被调查者在网上能够直接和调查发起者进行交流,并弄清调查目的和问题的含义,提高了应答率,减少了应答错误、访问偏差等,应答的准确性大大提高。

(3)网络调查的缺点有:

①资料的虚假程度较高。由于一般的网络调查对被调查者约束和监督很小,网民的身份难以确定,网民不敢在网上透露自己的资料,回答问题的随意性较大,且存在一户多个网址重复作答等问题,所以网络调查资料的真实性存在疑问。

②样本代表性较差。我国活跃网民总人数与人口总量相比占比较小,并且网民分布很不均匀。从年龄上看,活跃网民中青少年居多;从职业来看,网民集中于IT相关行业人员和大中学生;从地域来看,网民主要集中于发达地区。由于网民分布不均衡和代表群体有限,直接用网络调查获得的

样本资料与总体会有较大偏差,影响了样本的代表性。

③资料安全性较低。网络调查实现了信息资源共享,同时也将自身暴露于风险之中,在数据传输和检索中易泄露所填报的个人隐私和企业秘密,且会遇到网上黑客的恶意攻击,随意涂改资料,资料安全性受到威胁。

④调查内容有限。研究表明,网上回答问卷的人注意力集中时间较短,一般在回答25个左右的问题后便失去兴趣,而电话调查一般可持续30分钟、回答40个左右的问题,故网络调查的内容不宜太多,而且最好是能引起网民兴趣的问题。

⑤问卷分析的深度不够。一般来讲,网络调查平台提供的调查分析结果相对较浅,较少对数据进行深入的统计学分析。获得初步结果后,调查者应将调查数据导出,利用 SPSS、Stata 等专业统计分析软件进行深入分析。

(4)提高网络调查质量的改进措施。具体有:

①建立一套完整的网络调查制度。要保证网络调查结果的科学、客观、真实,应当建立起一套完整的制度,通过制度性规定规范对网民、网址的认定和控制手段及标准等,增强网络调查资料的真实性。

②完善网络调查的相关法律法规。建立健全相应的法律条文,以提高网络调查的安全性,保护个人隐私和企业秘密,通过法律法规的约束,有效降低网络调查的风险。

③提高问卷设计和网络统计技术水平。为了减少网络调查的误差,提高网络调查的质量和网民的参与度,问卷设计技术应不断改进,通过新颖的卷面设计和有趣的内容编排,吸引更多的网民主动参与;通过巧妙的项目设计,有助于判别重复应答的问卷。技术实现手段也应不断更新,使统计科学技术与现代化的信息技术手段更为紧密地结合,发展和完善网络统计调查、统计整理、统计分析及统计输出的理论和方法。

1.7 数据分析

1.7.1 数据分析的任务与过程

数据分析的任务是全面描述数据特点,挖掘隐藏在数据背后的规律,从而揭示事物的本质状态,预测事物的发展趋势。

数据分析的过程实际上也是一个思维与表达的过程。思维与表达互动、互相适应这一思想是指导数据分析的基本思想之一,如果违反这一思想,也就是表达与思维不一致,就会在研究过程或结论上产生矛盾。如果在数据分析中产生了表达与思维不一致的情况,其原因在于方法的选用不当。

在数据分析工作中,面对要解决的问题和同样的客观数据,可能有不同的方法可供选择。数据分析工作常常不是一个单纯方法的应用,而是对数据内部规律认识的从无到有的综合思考。这一综合思考的结果就是结合研究目的和数据特征选取正确的方法。方法选择的正确与否涉及对研究对象分析的深度与广度、细致程度,甚至是正确程度。

1.7.2 数据分析的层次

数据分析的深入程度由低到高分为4个层次(如图1-5所示)。数据分析由低到高逐层进行,同时每一层次都要结合专业理论和现实情况给予合理解释。分析的深度不够是许多问卷数据分析常见的问题。

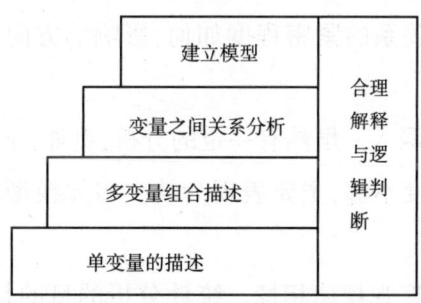

图1-5 数据分析的层次

(1)单变量的描述。单变量的描述是对选择题的各个选项进行频数和频率统计,以表或图的形式表达,这是最基本的统计描述。

(2)多变量组合描述。多变量组合描述包括两个层次:一是将问卷的问题或项目直接作为变量,称为项目变量,然后两两组合或多个之间组合,统计变量各个取值组合之间的数据分布,主要工具为列联表形式。二是对若干项目变量进行数学运算,构造新的变量,称为构造变量,对构造变量再与其他变量进行组合描述。

(3)变量之间关系分析。变量之间关系分析主要是分析两个变量之间的关系,包括:配合列联表的卡方检验、独立样本 t 检验、相关分析、回归分析、关联规则等,分析对象同样包括项目变量和构造变量。

(4)建立多元模型。对研究目标的关键问题和相应的各个影响因素建立一个模型,可以用公式、参数、表或图形表达,包括对数模型、多元回归模型、关联模型、决策树模型等。

1.7.3 分析方法的选用

欲使数据分析准确、深入和透彻,分析方法选用适当是基本要求。方法选用不当,可能造成许多问题。按照严重程度,问题大体上分为以下三个层次:

(1)限于简单描述。在两个定性变量之间关系的分析中,列联表严格来说还不属于统计分析,它属于描述数据特征,而分析是要说明变量之间是否具有相关关系,相关关系的紧密程度如何,影响的方向如何,具体方法有相关分析、回归分析等。

(2)分析得不够深入。虽然有一定的分析,例如,卡方检验、相关分析或回归分析,但深入程度不够,主要表现为缺少多元模型的建立,仅限于两个变量之间的关系分析。

(3)分析结论与客观规律相悖。统计分析的目的是描述或发现数据总体上的规律,但是样本数据特征完全有可能与总体数据特征不一致,这就需要进行显著性检验。显著性检验通过设定临界点来区分变量差异的显著性,但是客观事物是连续变化的,有些边界情况难以生硬地将其划分为显著还是不显著,这就需要结合经验、常识和专业知识判断。如果经验告诉我们,两者差异应该是显著的,但是卡方检验却说明差异不显著,这就出现了悖论。在这种情况下,可以换一种方法,例如,两个比率之差的 t 检验,很可能就拒绝了无差异的原假设。所以,在对抽样调查问卷的选择题进行分析时,特别是样本数量不足够大的情况下,对数据分析方法的选择是否适当,是关系到研究过程与目标是否一致、研究结论是否正确的重要问题。

这里所说的样本量,是指进行列联分析时表中每格的样本量。有的研究者认为,某项具有1 000个样本量的调查应该不小了,如果进行二维列联分析,文化程度分为6类,职业分为10类,则该列联表有60个数据格,平均每格频数为16,还是可以的,但是再加上性别这个变量,则会有120个数据格,平均每格频数为8.3,事实上,数据分布不可能均匀,所以有些数据格中的频数可能少于5,这就不符合比较严格的分析条件了,如果再加上"年龄段"这个变量,样本量显然不够。上述只是导致分析结论与客观规律相悖的情况之一,还会有其他情况。

1.7.4 多视角综合分析问题

对某问题的分析要从多视角入手,仅从单一视角入手往往难以发现事物的深层规律。多视角包括:对研究对象分类的多视角,对变量之间关联的多视角,对测量变量表象背后本质因素探索的多视角,对研究构念测量的多视角,等等。当然,多视角观察问题既包括问卷设计环节的考虑,也包括数据分析环节的考虑。如果认为在问卷设计完成后,观察问题的视角就已经确定了,这是片面的。在数据分析环节,完全可以根据现有测量变量进行运算组合,再构造新的变量,也就是从新的角度考查所研究的问题。

1.8 统计分析工具

数据分析所使用的统计运算公式复杂且实务资料量庞大,需要使用到一些统计分析工具。常用的统计分析工具包括微软EXCEL中的统计分析工具,以及MINITAB、STATISTICA、JMP、SPSS、SAS、Stata与R等统计套件。下面介绍较为常用的几种。

1.8.1 微软EXCEL统计分析

EXCEL统计分析是一种比较容易获得的工具,可轻松进行许多基础统计分析及绘制各种统计图表。例如，EXCEL可以做基本统计分析、参数估计、检验假设、相关分析、回归分析、方差分析、时间序列分析、非参数检验等。EXCEL分析结果的展示简洁易懂，适合各种领域使用。

1.8.2 Stata

Stata(Software for Statistics and Data Science，统计学与数据科学软件)是用来进行数据分析、数据管理以及绘制专业图表的完整及整合性统计软件，同时也具有很强的程序语言功能，供用户开发使用。

1.8.3 SPSS

SPSS(Statistical Product and Service Solutions，统计产品与服务解决方案软件)最初全称为"社会科学统计软件包"(Solutions Statistical Package for the Social Sciences)，2000年改为现名，2009年被IBM公司收购，并更名为IBM SPSS。

SPSS for Windows是一个组合式软件包，它集数据录入、整理、分析功能于一身。SPSS的基本功能包括数据管理、统计分析、图表分析、输出管理等。SPSS统计分析过程包括描述性统计、均值比较、一般线性模型、相关分析、回归分析、对数线性模型、聚类分析、数据简化、生存分析、时间序列分析、多重响应等几大类，每类中又分为几个统计过程，比如，回归分析又分线性回归分析、曲线估计、Logistic回归、Probit回归、加权估计、两阶段最小二乘法、非线性回归等多个统计过程，而且每个过程又允许用户选择不同的方法及参数。SPSS有专门的绘图系统，可以根据数据绘制各种图形。

SPSS操作简单，其界面与Microsoft软件相似(见图1-6)，广泛用于社会科学、自然科学等各领域的统计分析。本书中的习题和案例主要采用SPSS 17.0及以上版本的部分功能实现。

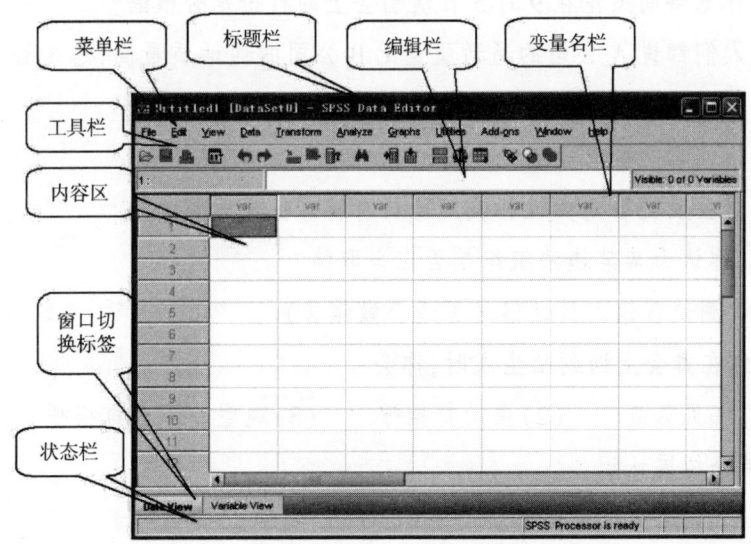

图 1-6　SPSS 软件界面

习　题

一、请判断下列问卷问题的不适当之处,并加以改正。

1. 你家里的猫猫狗狗乖吗?

(1)乖　　　　　(2) 还可以　　　　(3)不乖

2. 你家里的猫喜欢伟嘉猫粮吗?

(1)喜欢　　　　(2)不喜欢

3. 你的月收入是多少?

(1)1 000 元以下;(2)1 000—2 000 元;(3) 2 000 元—3 000 元;

(4)3 000 元—5 000 元;(5)5 000 元—10 000 元;(6)10 000 元以上

4. 你逃税吗?

(1)是　　　　　(2)否

5. 如果逃税,多长时间逃税一次?

(1) 半年　　　　(2)一年　　　　　(3)三年

6. 你觉得周杰伦在9月5日演唱会上的打扮是否很酷?

7. 人们都说A公司的通话质量比B公司的通话质量高,您是否也这样认为?

8. 你们家有瘾君子吗?

9. 贵企业是否对女性和残废职员有特殊优惠政策?

10. 你认为某某违法组织是否应当取缔?

11. (测试营销人员性格是否适合做销售)

当你在舞会上遇到陌生人时,你会

(1)一见如故　　(2)主动打招呼　　(3)观望一下再打招呼

(4)等待介绍再认识

12. 你是否赞同欧美各国杯葛(boycott)朝鲜?

13. 调查表明,以下九种职业者为高薪阶层:工商业者、医生、教师、律师、股票经纪人……你是否同意?

(1)同意　　　　(2)不同意　　　　(3)说不清楚

二、综合练习题

请每一位同学自定主题,设计一份调查问卷,要求按照自顶向下的思想,首先设计整体框架,由构念逐渐细化到测量变量。上交教师后,由教师讲评,选择一份较好的问卷,修改后通过问卷星向全班发放,同学填写后,教师演示数据导出并交给同学。由同学完成数据处理、数据分析,并撰写数据分析报告。

2 数据准备

 导入案例

关于家庭理财市场的调查

调查目的是了解社会群体在金融理财方面的基本情况,掌握不同群体的特征和需求,为设计金融理财产品和精准营销提供客观依据。调查的具体目标主要有如下几点:

(1) 了解社会群体在理财方面的不同特征;

(2) 了解社会群体对待金融理财的态度;

(3) 了解社会群体在金融理财方面的行为;

(4) 了解社会群体在金融理财方面的需求;

(5) 掌握不同类别群体在金融理财方面的特征、态度、行为和需求。

根据研究目的和目标的展开形成观测项目,如图2-1所示。经过研究

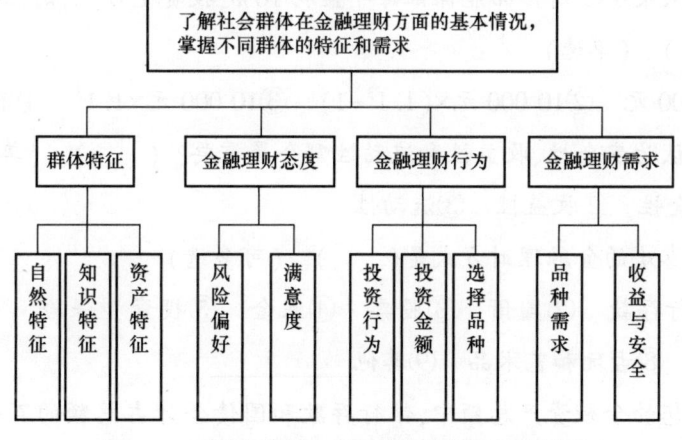

图2-1 理财问卷调查的目的与观测目标的展开

目的、目标和观测项目的三级展开后,可以进一步根据观测点设计调查问题,例如,群体的自然特征主要包括性别、年龄、职业、文化程度;知识特征,需要设计量表进行理财知识测量。下述问卷中的第1、2、3题是对客户理财知识的测量,便于以后分析不同类别群体理财知识掌握情况。

根据研究目的、目标和观测项目设计的调查问卷具体内容如下。

家庭理财市场的调查问卷

尊敬的女士/先生:

您好。

为了针对客户的实际情况设计更好的家庭理财产品,以满足您的个性化需求,请您填写如下问卷。本问卷为匿名问卷。

1. 一般来说,家庭理财应遵循的原则是(　　)。(单选)

①安全性、收益性和流动性　②安全性和收益性　③收益性和流动性　④不知道

2. 一般来说,各类投资品种的安全性和收益性的关系为(　　)。(单选)

①安全性越高则收益性越高　②安全性和收益性有点关系　③收益性和安全性相矛盾　④不知道

3. 如果某项理财产品能保证每年盈利10%,投资1万元,则三年后的收益是(　　)。(单选)

①3 000元　②10 000元×(1.1^3-1)　③10 000元×1.1^3　④不知道

4. 您认为安全性、收益性和流动性哪个最重要?(　　)。(单选)

①安全性　②收益性　③流动性

5. 您喜欢的金融理财方式是(　　)。(可多选)

①银行存款　②国债　③股票　④基金　⑤投资型保险　⑥黄金　⑦房地产　⑧古玩和艺术品　⑨其他_____

6. 在您的金融资产总额中,银行存款和国债合计占总额的百分比大约为_____%。

7. 您对现有代理理财产品的满意情况是(　　)。(请在所选的格中画√)

	很满意⑤	比较满意④	一般③	不太满意②	很不满意①
品种多样性					
平均收益					
安全性					
流动性					

8. 您购买代理理财产品的情况是(　　)。(单选)

①从不买　②少量购买　③占到金融资产大约一半　④主要方式　⑤几乎全部

9. 如果您购买了代理理财产品,其原因可能是(　　)。(可多选)

①相信专业机构　②分散风险,同时也进行其他投资　③没时间亲自投资　④不懂股票等其他投资　⑤受促销影响　⑥其他_____

10. 如果您不购买代理理财产品,其原因可能是(　　)。(可多选)

①不相信专业机构　②亲自投资　③讨厌营业员促销　④有风险　⑤资金不够　⑥其他_____

11. 您已经用于上述金融理财的总金额是_____万元。

12. 您的平均年收入大约是_____万元。

13. 您的文化程度是(　　)。(单选)

①初中及以下　②高中或中专　③大专　④本科　⑤硕士　⑥博士

14. 您的职业是(　　)。(单选)

①企业工人　②企业管理人员　③企业技术人员　④农民　⑤公务员(含军官)　⑥事业单位行政人员　⑦事业单位专业人员　⑧事业单位工勤人员　⑨私营企业主　⑩个体工商户　⑪自由职业者　⑫其他_____

15. 您的年龄是_____周岁。

16. 您的性别是(　　)。(单选)

①男性　②女性

17. 您对金融理财产品的希望是＿＿＿＿＿＿＿＿＿＿＿＿＿＿＿＿。

调查问卷回收后就要开始数据准备工作,完成将问卷数据到计算机数据的转化过程。数据准备工作主要包括数据的审核、编码、录入、定义与转换等,是整个数据分析工作的基础,关系到结论的可靠性以及分析的顺利与深入等问题。许多数据分析工作所得结论的可靠性不高,是由于问卷中混有大量错误问卷和数据;分析的深入性不够或工作进行不够顺利,是由于开始没有进行有序的编码和定义。所以说,数据准备工作是数据分析成败的关键。

2.1 问卷审查

在信息界有一句流行语:"进去的是垃圾,出来的还是垃圾。"意思是:如果录入了大量垃圾数据,不论如何分析,其结果都是垃圾。只有保证原始数据健康,以后的分析工作才能逐步完善并改进。在分析报告或学术论文中,都要说明发放问卷份数、回收问卷份数和有效问卷份数 3 个数据,或至少回答回收问卷份数和有效问卷份数,同时还应说明遗漏问卷和无效问卷的处理方式。问卷审查分为总体审查和逻辑审查,目的是淘汰无效问卷,补充不足。

2.1.1 总体审查

从总体上审查问卷的合格性,尽管没有固定的标准,但是可以从调查范围和常识经验判断无效问卷和不足的数据,从而淘汰无效问卷,补充不足的数据。总体审查一般分为如下情况:

(1)遗漏项目过多。一份问卷如果有若干未答的问题,不一定要作为无效问卷,也不一定是被调查者不认真,但是如果未答问题过多,则应作为无效问卷。如果一次调查中,许多问卷都存在大量的遗漏项目,则是系统问题。系统问题的产生主要是基于以下三个方面的原因:如果遗漏项目呈无规律的随机分布,则一般可能是两方面原因,一是被调查者群体不认真,二是调查的组织方式不合适,例如,在开会间隙组织调查,导致被调查者答题过于匆忙。如果遗漏的项目具有规律性,总是一些项目不被回答,则是问卷设计的原因,如问卷双面印刷、涉及敏感问题等。

(2)恶意作答。恶意作答、明显说谎或极度不认真等都应作为废卷处理。例如,所有选项都勾选同一个序号项目,特别是都勾选第1项或最后1项等。

有一种常见的现象——一个人填答多份问卷。如果发现连续的多份问卷,其笔迹明显相同,则只保留一份。

(3)超出调查对象范围,如年龄过小或过大,不符合被调查者职业范围等。

(4)调查对象分布严重不均。如果调查对象样本分布严重不均,如性别分布不均、学历、职业、收入的分布严重不均,则需要考虑补充调查。

(5)不符合逻辑。人工初步检查一下,如果发现各个问题的选项之间明显不符合逻辑,则挑选出来,详细的逻辑审查要事先制定标准,通过计算机审查。

2.1.2 逻辑审查

在问卷的总体审查阶段包括人工发现一些明显不符合逻辑的问卷,但由于一份问卷各选项之间的逻辑规则有许多,人工难以审查完全,可以利用计算机来进行审查。可事先根据经验,由小组讨论确定若干逻辑规则,再对不符合逻辑规则的个案进行处理。处理的方式主要有两种:一是将其转化为逻辑错误变量,以便进一步审查;二是直接标出或删除。

(1)转化为逻辑错误变量。就是将确定的逻辑规则转化为逻辑错误变量,规定在出现错误时该变量的取值,然后根据逻辑规则制定错误变量条件,形成逻辑审核表,再利用社会统计SPSS或其他软件进行审查。表2-1为根据家庭理财市场的调查问卷编写的逻辑审核表。

表2-1 逻辑审核表

序号	规则	设定变量	错误取值	逻辑条件
1	在问题5中如果选择了①或②项,则题6>0	逻辑错误1	1	(银行存款+国债)>0 & 无风险资金比=0
2	在问题5中如果不选择①和②项,则题6=0	逻辑错误2	1	(银行存款+国债)=0 & 无风险资金比>0
3	文化程度不低于大专,年龄>15	逻辑错误3	1	学历≥3 & 年龄<15
4	……	……	1	……

以表2-1中的第1条逻辑规则为例,操作过程如下:

①在SPSS软件中,执行菜单转换(T)→计算变量操作,在弹出的"计算变量"对话框中设定目标变量为"逻辑错误1",数字表达式为"1",如图2-2所示。

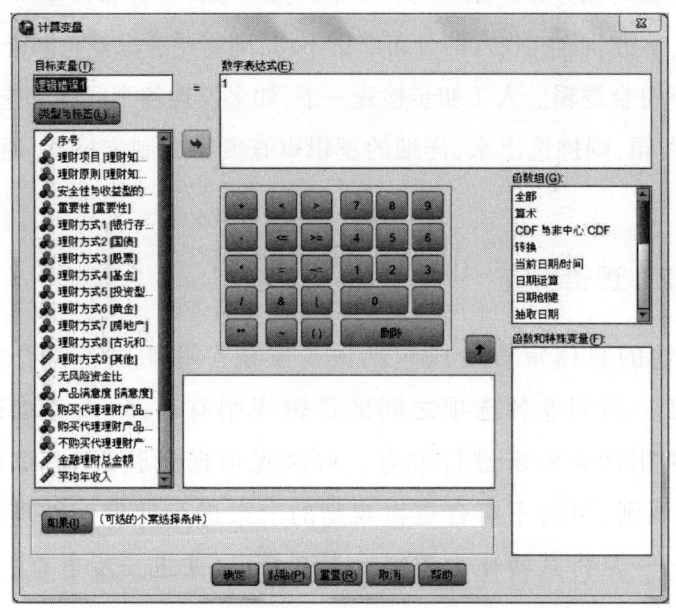

图2-2 设定逻辑错误变量及发生错误时的取值

②设定逻辑条件。单击"计算变量"对话框中左下角的"如果"按钮,在打开的"计算变量:If个案"对话框中选择"如果个案满足条件则包括(F)"选项,在其输入框中设置逻辑条件,如图2-3所示。

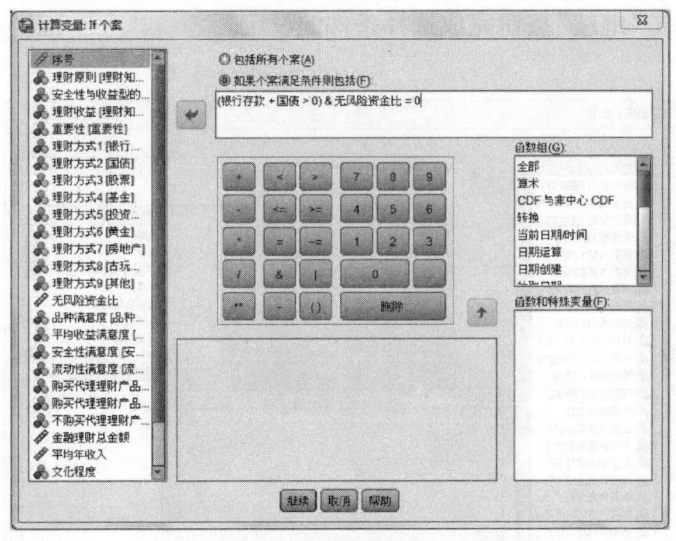

图 2-3　对逻辑错误变量设定逻辑条件

③单击"继续""确定"按钮后,在数据表中会自动形成新的变量"逻辑错误1",凡是取值为"1"的所在行就是发生该错误的行,可以进一步审查或删除。

(2)直接标出或删除。上述操作是形成新的变量,相对比较麻烦。对于一些确定无疑的错误数据,可以直接做出标记或删除。我们以根据家庭理财市场的调查问卷中"逻辑错误及处理表"(见表 2-2)为例加以说明。

表 2-2　逻辑错误及处理表

序号	规则	理由	不符合条件数据的处理
1	16≤年龄≤130	国家规定,开设银行账户的最低年龄为16岁	删除
…	……	……	……

以表 2-2 中的第 1 条逻辑规则为例,操作过程如下:

①在 SPSS 软件中,执行菜单数据(D)→选择个案操作,在弹出的"选择个案"对话框中先设定条件,选择"如果条件满足"选项,单击"如果"按钮打开"选择个案:If"对话框,用表达式的方法写出条件选择语句,如图 2-4 所

示,然后单击"继续"按钮完成选择条件的设定。

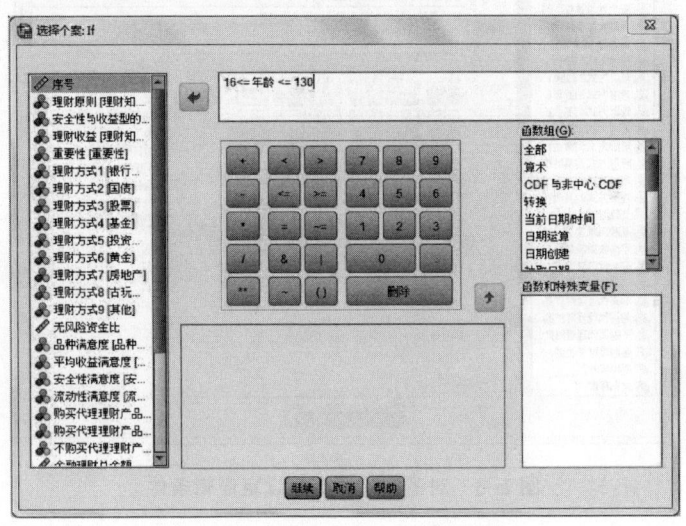

图 2-4　为处理变量设定选择条件

②选择处理方式。在"选择个案"对话框中的"输出"区域选择"删除未选定个案"选项,如图 2-5 所示,再点击"确定"按钮完成操作即可。

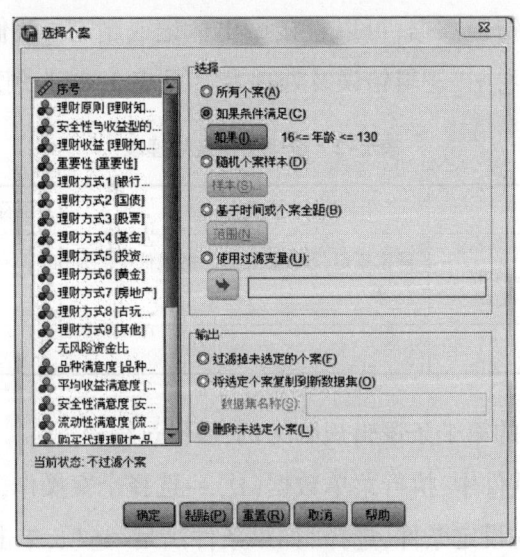

图 2-5　选择处理方式

2.2 数据编码

编码是以数字的形式对问卷和选项编号,使数据格式标准化、系统化。在进行数据编码时需要注意:所有数据需要都是数字,每个被调查者的数据值需要填写在同一行中,每个变量尽可能多地收集最多的信息,每个被调查者需要给每个变量一个数据值,所有被调查者的数据编号要一致,使用较大的数字代表"好""满意"等正面信息。

2.2.1 编码的作用

选择题的测量变量在形式上都是定性变量,包括定类变量和定序变量,表达格式可以是数字、文字或字母。将这些测量变量使用数字格式进行编码,其作用主要体现在以下方面:

(1)分析方法的需要。变量的度量标准会对后续的分析产生影响。在变量的测量尺度中,凡是适合低级别变量数据的方法理论,都适合高级别变量数据。在实际应用中,许多方法只适合定量变量数据,而不可用于定性变量数据。选择题中有许多定序变量,最典型的就是满意度测量,如果用文字表达,则分析方法极受限制,此时应转化为用数字表达。即使一些可以用于定类变量处理的方法,如 Logistic 回归等,也要将其用数字表示,转化为虚拟变量。

(2)客观研究的需要。因为数据分析本质上是以符号和数学模型处理和分析作为研究对象的数据,从而描述数据特征并发现规律,分析人员不能因对数据内容的理解不同而改编数据。

(3)多人协同工作的需要。在数据准备和分析等环节,常常需要多人工作,对数字格式的处理显然比对文字格式的处理效率高、质量高,同时降低因人为理解的原因而产生的多余沟通。

2.2.2 设置问卷的 ID 号

在问卷中加上编号,一是有利于调查的组织工作,二是在问卷检查过程中便于核对,三是在利用数据库软件进行数据挖掘时常常需要用到问卷 ID 号这个变量。最好在问卷的印制中加入顺序号作为问卷的 ID 号,如果没有的话,也应在问卷收回后先对问卷编号,然后在录入时首先设定问卷"序号"或"ID"这个变量。

2.2.3 对选项编码

许多研究者所设计的问卷对问题的选项没有编码,如果不是一定要这样的话,建议改为直接将编码写在问卷上,例如,原问卷的形式为:

题1:您的专业是:□工商管理　　□金融　　□会计　　□信息管理　　□电子商务

题2:您的满意度是:□很不满意　　□有所不满　　□一般　　□比较满意　　□很满意

可将其改为:

题1:您的专业是:1. 工商管理　2. 金融　3. 会计　4. 信息管理　5. 电子商务

题2:您的满意度是:1. 很不满意　2. 有所不满　3. 一般　4. 比较满意　5. 很满意

如果无法在问卷中加入编码,或者数据来源不是问卷调查,而是委托方提供的数据表,其中数据都是用文字表达,则必须编制编码表,以文件的形式(包括电子文档和纸质文档)明确编码,以形成固定的工作凭据。

2.2.4 显示编码信息

通过执行菜单实用程序(U)→变量操作可以预览变量的结构,"变量"对话框如图 2-6 所示。

2.3 数据录入

数据是以二维表的形式保存,每一行是一个样本的全部数据,称为个案(Case)或记录。SPSS 的"数据编辑器"窗口分为"数据视图"和"变量视图","数据视图"用于查看、录入和修改数据;"变量视图"用于定义和修改变量的

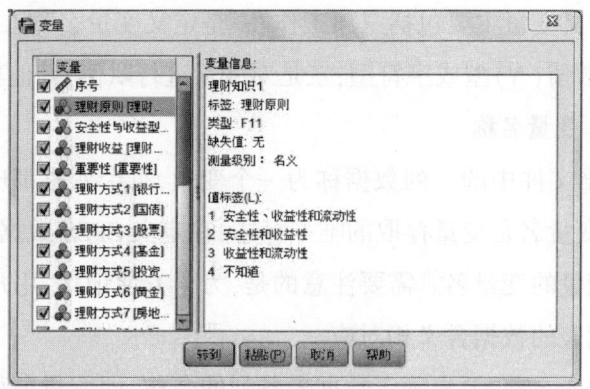

图 2-6　变量值结构

属性,如图 2-7 所示。输入数据前先要定义好变量,一个变量包括变量名、变量类型、变量标签、变量值标签、缺失值的定义、变量度量标准等属性。

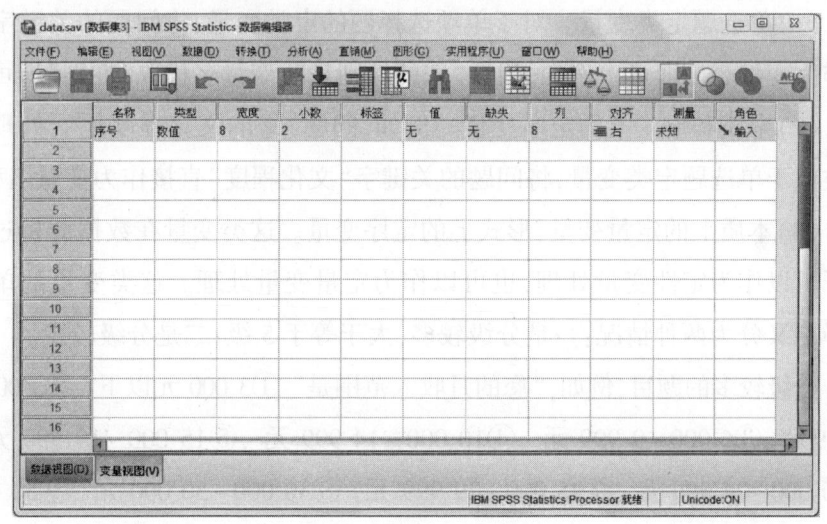

图 2-7　SPSS 变量视图

2.3.1　定义变量

　　变量的定义会影响到具体的数据分析,定义变量的方法主要有两种,一是手动输入变量;二是直接导入已有的数据表格,然后再在变量视图中对其进行编辑。定义变量主要包括三项工作：一是定义变量名称；二是设置变量类型，一般为数值(N)型或字符型；三是对变量进行赋值，其他项可以默认。

2.3.1.1 变量名称

SPSS 数据文件中的一列数据称为一个变量，每个变量都应有一个变量名(Name)。变量名是变量存取的唯一标志，在定义 SPSS 数据属性时，应首先给出每列变量的变量名。需要注意的是，为了方便记忆，用户所取的变量名最好与其代表的数据含义相对应。

在数据录入之前，要先确定数据表各列的名称，即变量名称。变量名称由问卷中的测量项目(问题)转化而来，但不一定是一一对应。确定变量名称的原则，一是反映测量内容，使研究者看到变量名称就可以想到与此对应的问卷题目，否则会给分析工作带来麻烦；二是尽量简约，因为统计软件对变量名称的字长有限制，版本高的软件允许的字长较长。

(1)单选题定类变量。对于单项选择题的定类变量，将问题的关键字直接作为变量名称即可。例如，问题"您的性别是"，变量名称取"性别"即可。

(2)本质和形式上的定序变量。例如，问题"您的文化程度是"，处理方式类似于单选题定类变量，将问题的关键字"文化程度"直接作为变量名称。

(3)本质上的定量变量，形式上的定序变量。这类变量在数据分析过程中既可以作为定性变量处理，也可以作为定量变量处理。这类变量的单项选择题又分为两种情况：一是分级较多，大于等于 5 级；二是分级较少。

分级较多的题目，例如，"您的月收入范围是" ①3 000 元以下，②3 000～5 999 元，③6 000～9 999 元，④10 000～14 999 元，⑤15 000～19 999 元，⑥20 000～24 999 元，⑦25 000～29 999 元，⑧30 000～50 000 元，⑨50 000 元以上。这个测量项目可以转化为两个变量，一个是"月收入等级"，数据就是选项编号 1,2,…,9，在数据分析过程中既可以作为定性变量处理，也可以作为定量变量处理；第二个变量是"月收入额"，数据是每一个选项的中间值，第①选项为"1 500 元"，第②选项为"4 500 元"，第③选项为"8 000 元"，依此类推，第⑨选项按照"60 000 元"处理。变量"月收入额"只能作为定量变量处理。当然，一个测量变量转化为两个分析用变量，并不是直接作为两个变量录入,而是只录入一种形式,然后利用计算机转化为另一种形式。

对于分级较少的题目,如果考虑以后不做回归分析,则只按照上述第一种方法录入即可。

(4)定类多选题。定类多选题的每个选项都作为一个变量,如果该项被选中,则录入选项编号,否则不录或为"0"。例如,问题"您喜欢的金融理财方式是:①银行存款,②国债,③股票,④基金,⑤投资型保险,⑥黄金,⑦房地产,⑧古玩和艺术品,⑨其他_____。"

对于这个测量项目的处理方式,是将每个选项都作为一个变量,要转化为9个变量,以选项名称直接作为变量名称,如"银行存款""国债"等。

(5)排序多选题。同定类多选题一样,排序多选题的每个选项都作为一个变量,只是录入的数据不同,是被调查者对该项的排序号。

例如,问题"请将以下金融理财方式按照您的喜好程度排序,最喜欢的排为1,最不喜欢的排为9,将数字写入(　)中:(　)银行存款,(　)国债,(　)股票,(　)基金,(　)投资型保险,(　)黄金,(　)房地产,(　)古玩和艺术品,(　)其他。"

对于这个测量项目的处理方式,是将其转化为9个变量,以选项名称直接作为变量名称,如"银行存款""国债"等,在录入数据时,直接录入选项的排序号。

2.3.1.2　变量类型

数据主要有数字、字母和字符三种形式。

(1)数字形式。选择题直接录入选项的编号,以阿拉伯数字表示。例如,某变量具有5个选项,第一项或A项录入"1",第二项或B项录入"2",依此类推。这样做的好处是效率最高,且不易出错,错误率低。如果使用SPSS软件进行统计分析,建议采用这种方式,如果需要转化为字符或数量形式,可以使用SPSS进行转化。

(2)字母形式。录入选择题的被选项目时,以字母形式进行录入,如a,b,c等。如果要进行关联规则分析,则定性变量要以此方式录入。

(3)字符形式。直接以选项的名称录入,例如,变量"性别"的数据直接录入"男"或"女",但是有些选项内容较长,则需要规定缩写字符。这种方式显然效率较低,容易出错,尽量不采用。如果有必要的话,最好通过计算机转换。例如,需要用 Stata 软件进行某些分析,数据需要以字符形式表达,则可以先以数字的形式录入 SPSS 中。例如,"性别"变量,"1"表示"男","2"表示"女",然后再利用 SPSS 的数据转化功能将数字转化为文字,相比直接录入成千上万行文字来说,这样做的优点同样是效率高、错误率低。可以再将 SPSS 文件导出为 Excel 文件。Stata 软件既可以导入 Excel 文件,也可以导入 SPSS 文件。

数据形式与所用的分析工具有关,可以采用上述三种方式之一,或综合采用。SPSS 的变量类型如图 2-8 所示,需要注意的是,SPSS 软件无法分析字符串,一般均选择数值型。

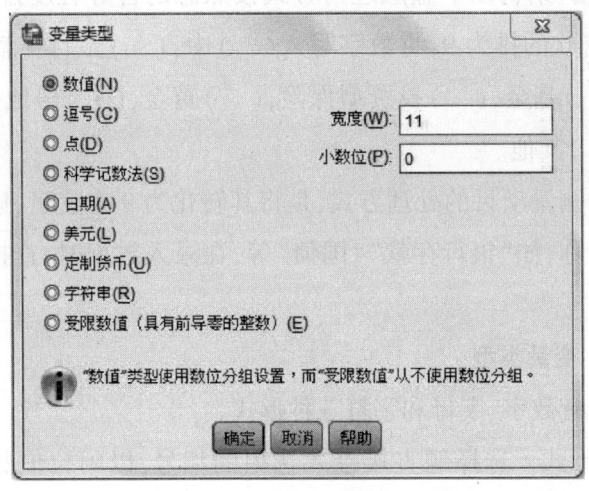

图 2-8　SPSS 变量类型

2.3.1.3　变量标签

变量标签是给变量名称添加的标签,用以说明这个变量的含义或其他必要的说明,例如,变量名称"Score",可以为其设定变量标签"理财知识得分",那么,在分析数据以及显示变量统计分析结果时都会显示"理财知识得分",用其代替原来的变量名称"Score"。

SPSS 软件中设置变量标签的目的是方便理解变量的含义,但在分析操作界面和结果输出界面却会影响变量名称的统一性,从而造成阅读和理解上的障碍。SPSS 软件系统默认显示的是变量标签,可通过改变变量列表显示的系统默认设置将其改为显示变量名称。具体的操作过程如下:执行菜单编辑(E)→选项操作,弹出"选项"对话框,在"常规"选项卡的"变量列表"区域选择"显示名称"即可,如图 2-9 所示。

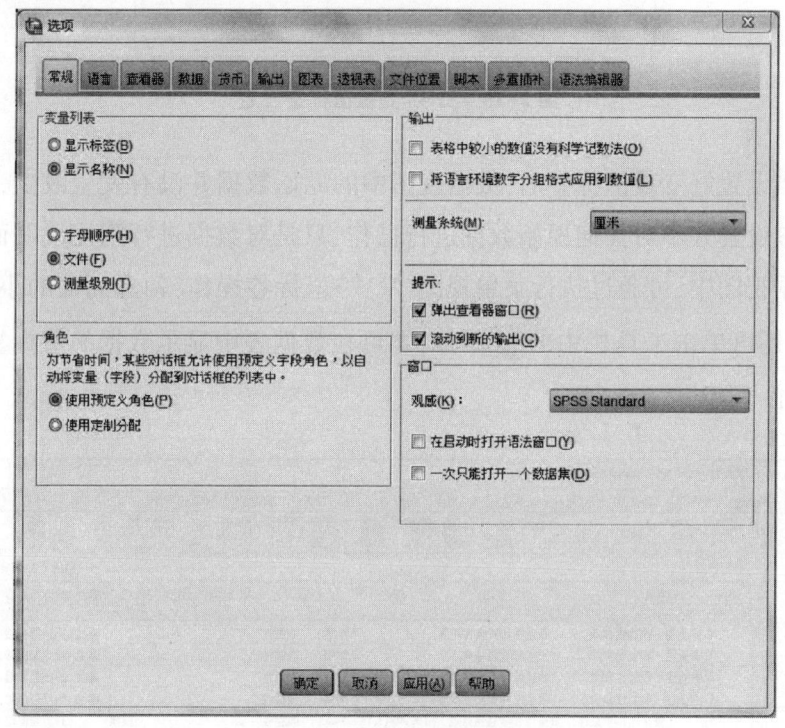

图 2-9　SPSS 选项设置

2.3.1.4　变量值标签

变量值标签(Values)是对变量可能取值的含义进行进一步说明。例如,文化程度变量的值标签设置如图 2-10 所示,数据格式为数字,录入后再对数据进行赋值。变量值标签对于用数值型变量表示非数值型变量时尤其有用。无论变量是数值型还是字符型,都可以对其进行赋值,例如,可以将字符"A"赋给1,即"1=A",反之,也可以将"1"赋给"A",即"A=1"。

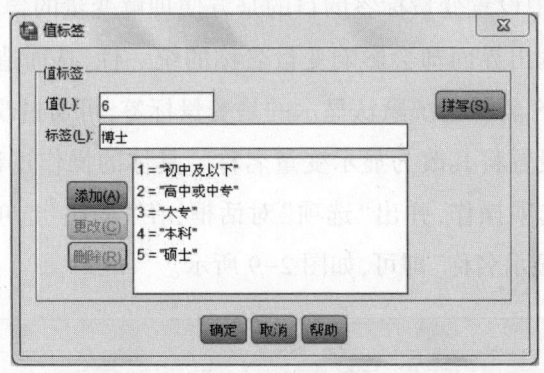

图 2-10　SPSS 变量值标签设置

当设置好变量值标签后,数据视图中的原始数据并没有发生改变,因为值标签设置并不对任何原始数据进行操作,只是对数据进行附注说明而已。在数据视图中,可通过执行菜单视图(V)→值标签操作,勾选前面的小方格即可,还可单击工具栏中的图标,即可在数据表中显示数据的值标签,如图 2-11 所示。

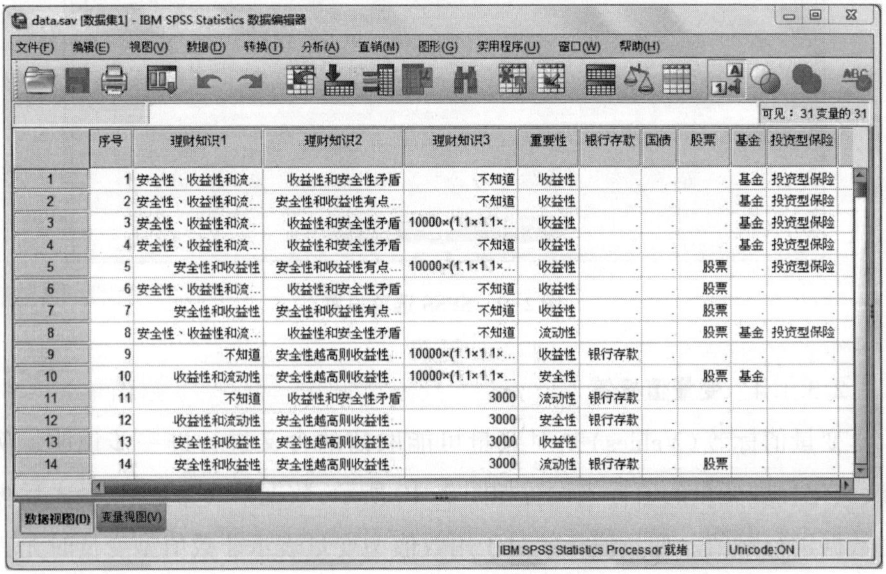

图 2-11　SPSS 数据视图中显示值标签

2.3.1.5 缺失值定义

SPSS 软件有两类缺失值：系统缺失值和用户缺失值。

(1)系统缺失值。在数据长方形中，任何空的数字单元都被认为是系统缺失值，用点号表示。

(2)用户缺失值。SPSS 软件可以指定那些由于特殊原因造成的信息缺失值，然后将其标注为用户缺失值，统计过程识别这种标识，带有缺失值的变量将被特别处理。缺失值的定义方式如图 2-12 所示，系统默认值为"没有缺失值"。

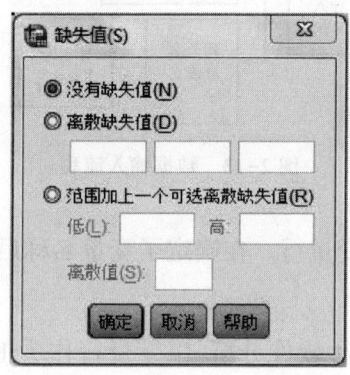

图 2-12 "缺失值定义"对话框

2.3.1.6 变量度量标准

度量标准是指变量的测量尺度，SPSS 软件中变量的度量标准主要有度量、有序、名义三种形式，这些度量标准说明了变量的含义和属性。

(1)度量：表示定距变量和定比变量。这两类变量可以明确地表示事物之间的差值，拥有非常多的数据线信息，也是高级的测量水平，在统计分析中主要参与加减乘除的算术运算，其数据内容往往是数值。

(2)有序：表示定序变量。定序变量表示事物的顺序或等级，可以排序或比较优劣，可以计算频数和累计频率，定序变量的数据可以是数值，也可以是字符。

(3)名义：表示定类变量。定类变量表示事物的类别，只能计算频数和频率，各类别之间没有大小、顺序、等级之分。定类变量的数据可以是数值，也可以是字符。

2.3.2 录入数据

在Excel中录入原始数据,以数字的形式录入并做校对,在需要的情况下再使用SPSS软件将其转为其他形式,数据录入的流程如图2-13所示。

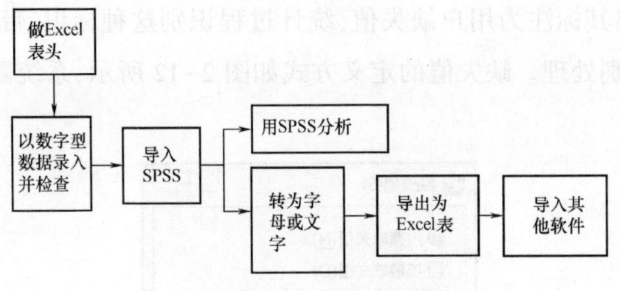

图2-13 数据输入流程

(1)制作数据表的变量行。在确定了变量名称后,就要将变量名称录入Excel数据表的表头行中。

建议不管以后用何种软件分析,以变量行作为Excel表的表头,先将数据录入Excel表。主要是基于以下两点原因:一是有利于委托录入。研究者可委托市场上的打印部或勤工俭学的学生录入。二是有利于以后向各类软件导入。目前一般的数据分析软件都支持对Excel表的导入或读取。

如果问题较多,可以将问题的题号放在变量前面,以便录入员对号录入,但一定要注意,在录入并检查完成后,再将变量前的题号删除。原因有二:一是许多软件不支持以数字开头作为变量名称;二是在分析结果中,变量名称前带有编号并不让人愉快。

(2)检查校对工作。在数据录入前,调查问卷一定要编顺序号。录入时,要按顺序录入,问卷序号要尽量与Excel数据表的行号对应,否则无法检查。

如果问卷是百份以上,第一遍录入的数据中有错误是难免的,必须依靠检查校对纠正错误。对于千份以上问卷,应该设立两个小组同时录入同一套问卷数据,然后进行对照校对,可以人工校对或机器校对。如果是人工校对,则打印出一份,与另一份进行校对。如果是机器校对,则把两张表导入数据库中,然后利用SQL语句编写程序,将两张表的数据逐行对照,挑出不一致的数据。从理论上说,利用Excel的VBA编程技术也可以实现这个功能。数据文件检查校对的流程如图2-14所示。

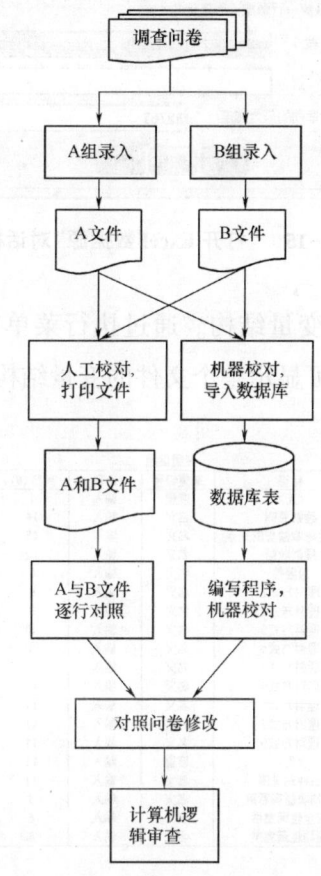

图2-14 数据文件检查校对流程

(3)将Excel数据导入SPSS软件中,检查Excel数据没有问题后就可进行数据导入工作。具体操作过程如下:打开SPSS软件,执行菜单文件(F)→打开→数据操作,弹出"打开数据"对话框,在"文件类型"中单击下拉菜单选择Excel才会看到需要打开的Excel数据文件。再单击"打开"按钮,会出现"打开Excel数据源"对话框,选择所需要的Sheet数据表(如图2-15所示),有时 Excel 文件中会有多个 Sheet 数据表存在。然后单击"确定"按钮即可完成数据的导入。

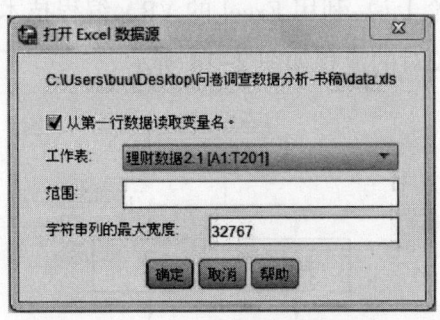

图 2-15 "打开 Excel 数据源"对话框

(4)显示整个文件的变量结构。通过执行菜单文件(F)→显示数据文件信息→工作文件操作,可显示整个文件的变量结构,分别如图 2-16 所示。

变量	位置	标签	测量级别	角色	列宽(W)	对齐	打印格式	写格式
序号	1	<无>	度量	输入	4	右	F11	F11
理财知识1	2	理财原则	名义	输入	14	右	F11	F11
理财知识2	3	安全性与收益型的关系	名义	输入	15	右	F11	F11
理财知识3	4	理财收益	名义	输入	12	右	F11	F11
重要性	5	重要性	名义	输入	6	右	F11	F11
银行存款	6	理财方式1	名义	输入	6	右	F11	F11
国债	7	理财方式2	名义	输入	3	右	F11	F11
股票	8	理财方式3	名义	输入	5	右	F11	F11
基金	9	理财方式4	名义	输入	3	右	F11	F11
投资型保险	10	理财方式5	名义	输入	7	右	F11	F11
黄金	11	理财方式6	名义	输入	11	右	F11	F11
房地产	12	理财方式7	名义	输入	11	右	F11	F11
古玩和艺术品	13	理财方式8	名义	输入	11	右	F11	F11
其他	14	理财方式9	名义	输入	11	右	F11	F11
无风险资金比	15	<无>	度量	输入	11	右	F11	F11
品种多样性满意度	16	品种满意度	名义	输入	11	右	F11	F11
收益满意度	17	平均收益满意度	名义	输入	8	右	F11	F11
安全性满意度	18	安全性满意度	名义	输入	8	右	F11	F11
流动性满意度	19	流动性满意度	名义	输入	右	F11	F11

图 2-16 整个文件的变量结构

2.3.3 将数据导出到 Excel 数据表的处理

在采用电子问卷进行调查时,一般可将数据导出至 Excel 数据表,这时要观察一下导出的数据是否符合 SPSS 软件要求,如果不符合要求,则要进行处理。例如,一些系统导出的数据将多项选择题作为一列(如图 2-17 所示)。如果遇到这种情况,就需要利用 Excel 中的"数据"→"分列"功能进行处理。

	A
1	理财方式
2	基金,投资型保险,房地产
3	基金,投资型保险
4	基金,投资型保险
5	基金,投资型保险,房地产
6	股票,投资型保险,黄金
7	股票,房地产,古玩和艺术品
8	股票
9	股票,基金,投资型保险
10	银行存款
11	股票,基金
12	银行存款
13	银行存款
14	房地产,古玩和艺术品
15	银行存款,股票
16	银行存款,国债
17	国债,基金

图 2-17 某些软件导出的多选题数据

2.4 数据文件整理

通常情况下,刚刚建立的数据文件并不能立即进行统计分析,这是因为收集到的数据还是原始数据,不能直接利用分析。此时需要对原始数据进行进一步的加工、整理,使之更加科学、系统、合理。

2.4.1 数据编辑设定

执行菜单编辑(E)→选项操作,可进行 SPSS 系统初始状态和默认值的设置,用户所设参数可以自动保存,无须再次进行设置。例如,"常规"选项卡可以设置 SPSS 的各种通用参数(所设参数可自动保存,再次启动 SPSS 时无须重新设置);"查看器"选项卡主要用于设置输出窗口的字体、图标等选项(如图 2-18 所示);"数据"选项卡主要用于设置数据处理过程中的相关参数;"输出"选项卡主要用于设置输出结果的标签选项,适当的选择可以在数据输出时得到很多便利;"文件位置"选项卡可以设置应用程序在每个会话开始时打开和保存文件的缺省位置、日志文件位置、临时文件夹位置,以及出现在最近使用的文件列表中的文件数量。

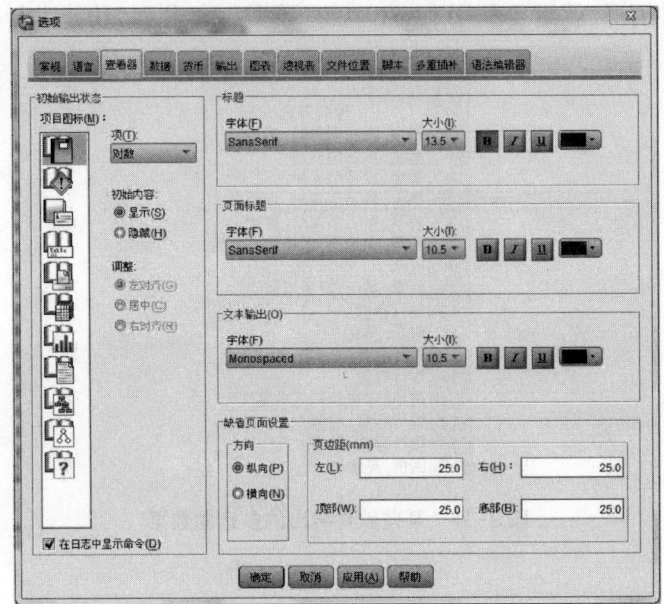

图 2-18　查看器选项卡

2.4.2　重新编码

SPSS软件的数据转换功能很强大，如果充分利用，可以给分析工作带来许多方便。其功能主要包括：对若干变量进行算术运算后产生新变量，对若干变量进行逻辑运算后产生新变量，将字符转为数字，或反之，对连续变量离散化等。

（1）定序变量转换为定量变量。前已述及，对于一些在本质上就是连续的定量变量，在问卷调查时又分为了较多等级，这种测量变量最好设为两个变量，如变量"收入等级"和变量"收入额"。不同变量采用不同分析方法，"收入等级"作为定序变量，可以与其他定性变量（如性别等）进行列联分析，观察数据分布状态，而"收入额"可以与性别这类定性变量做T检验分析，从总体上比较不同类别人群的平均收入。两个变量都可以做回归分析。

例如，家庭理财市场调查中的问题：您的月收入范围是（　　）。

①3 000元以下，②3 000～5 999元，③6 000～9 999元，④10 000～14 999元，⑤15 000～19 999元，⑥20 000～24 999元，⑦25 000～29 999元，

⑧30 000~50 000元,⑨50 000元以上

将变量"收入等级"的数据转为变量"收入额"的数据,其中:1→1 500、2→4 500、……、9→60 000。利用SPSS软件中的转换功能将定序变量转换为定量变量,具体操作过程如下:执行菜单转换(T)→重新编码为不同变量操作,弹出"重新编码为其他变量"对话框,设置如图2-19所示。再单击"旧值和新值"按钮,在弹出的"重新编码为其他变量:旧值和新值"对话框中进行旧值和新值的设置,如图2-20所示。

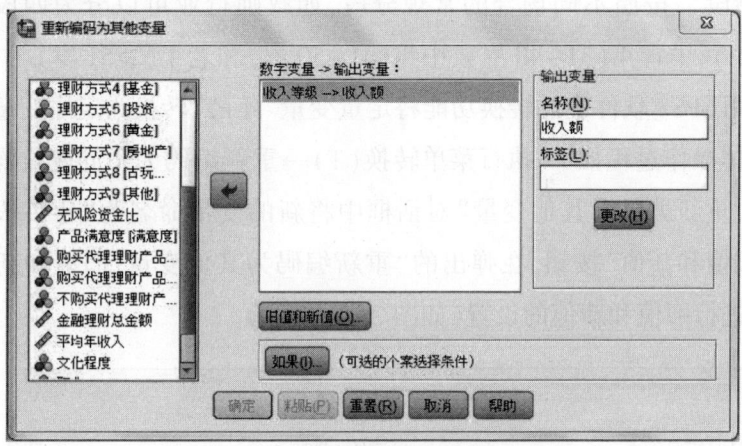

图2-19 "重新编码为其他变量"对话框

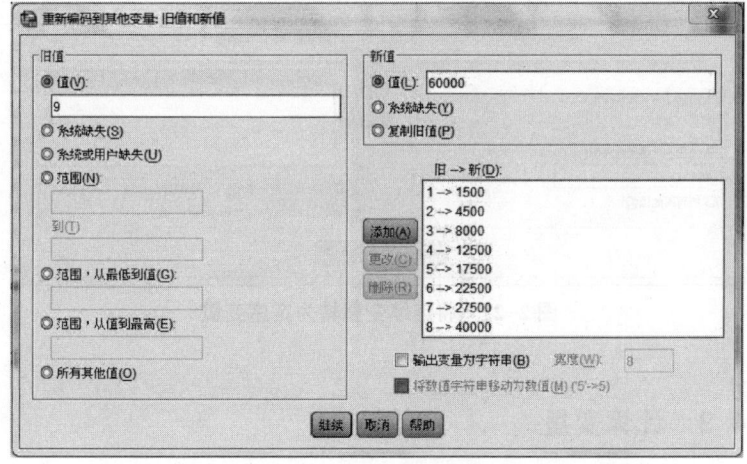

图2-20 "重新编码为其他变量:旧值和新值"对话框

（2）定量变量转换为定序变量。有些变量在录入时是连续定量变量，但是在处理时既需要统计变量的特征参数，也需要观察不同群体在各类中的分布，所以需要同时以两种变量的方式出现，如家庭理财市场调查中的"年龄"问题。

对于"年龄"这个测量变量，在分析时最好是以两种形式出现，以便从不同角度进行分析。与收入不同，在测量年龄时，最好直接问"您的年龄是_____。"然后将数据录入计算机，但是在分析时常常需要观察不同群体在不同年龄阶段的数据分布，这就需要将定量变量"年龄"转换为定序变量"年龄段"，按照不同场合的常规分段，如教师行业可以分为四段：青年（≤30岁）、中青年（31~40岁）、中年（41~50岁）和老年（≥51岁）。

利用SPSS软件中的转换功能将定量变量"年龄"转换为定序变量"年龄段"，具体操作过程如下：执行菜单转换（T）→重新编码为不同变量操作，在弹出的"重新编码为其他变量"对话框中将新的变量命名为"年龄段"。再单击"旧值和新值"按钮，在弹出的"重新编码为其他变量：旧值和新值"对话框中进行旧值和新值的设置（如图2-21所示）。

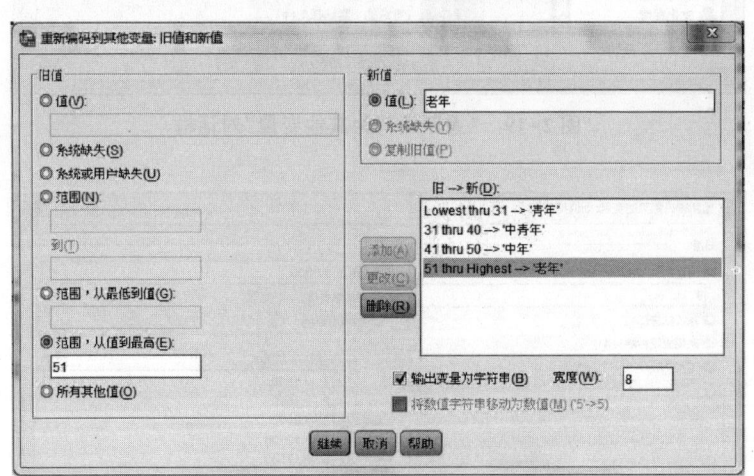

图2-21 将连续变量转为定序变量

2.4.3 计算变量

在数据分析中，经常需要根据一些已知的数据变量计算新的变量。对测量变量(问卷问题)的重要要求之一就是具体可测量,而对概念的描述常常需要比较综合的变量,所以通过测量变量的运算构造新的变量是常用的方法。

(1)由定序变量或定量变量计算变量。对变量的运算包括算术运算和逻辑运算,例如,在家庭理财市场调查中,调查对理财产品的满意度是通过4个测量变量进行的,即品种多样性的满意度、平均收益的满意度、安全性的满意度和流动性的满意度,最后需要一个"综合满意度"变量对这4个满意度进行加权后相加,计算公式如下:

$$综合满意度=0.1\times 品种多样性满意度+0.3\times 收益满意度+$$
$$0.4\times 安全性满意度+0.2\times 流动性满意度$$

计算公式中权数的确定有若干方法,如主观加权、客观加权、熵权法等,最好采用熵权法,相关内容将在以后章节中进行介绍。

利用 SPSS 软件中的计算变量功能构造新变量"综合满意度",具体操作过程如下:执行菜单转换(T)→计算变量操作,在弹出的"计算变量"对话框中进行相应设置,如图 2-22 所示。

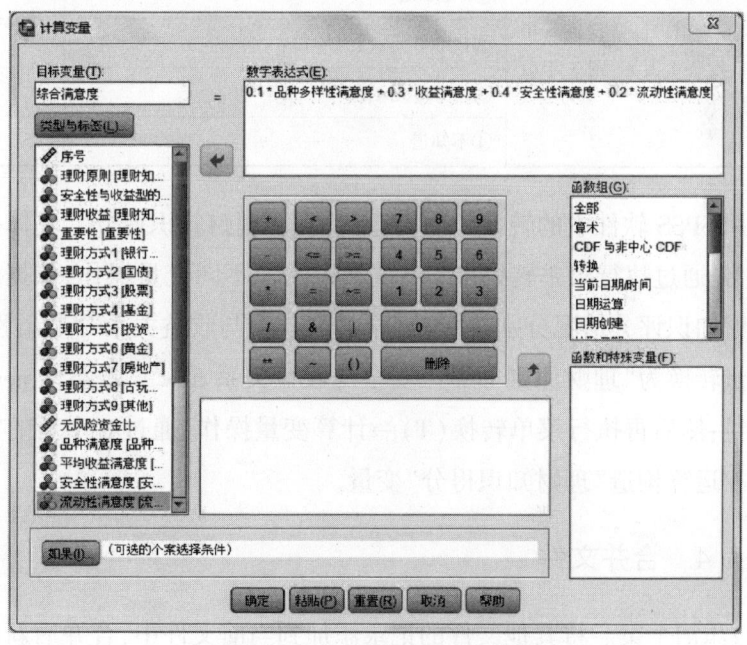

图 2-22 利用计算变量功能构造新变量

(2)由定性变量计算变量。例如,在家庭理财市场调查中,调查"理财知识得分"是通过3个测量变量("理财原则""安全与收益关系""收益性")进行的,但是这3个变量都是名义变量,为此,可以通过理财知识评分表将名义变量转换为定量变量,理财知识评分内容如表2-3所示。

表2-3 理财知识评分

题目	选项	得分
1. 一般来说,家庭理财应遵循的原则是	①安全性、收益性和流动性	3
	②安全性和收益性	1
	③收益性和流动性	1
	④不知道	0
2. 一般来说,各类投资品种的安全性和收益性的关系为	①安全性越高则收益性越高	1
	②安全性和收益性有点关系	2
	③收益性和安全性相矛盾	3
	④不知道	0
3. 如果某项理财产品能保证每年盈利10%,投资1万元,则3年后的收益是	①3 000元	1
	②10 000元$\times(1.1^3-1)$	3
	③10 000元$\times 1.1^3$	1
	④不知道	0

利用SPSS软件中的转换功能构造新变量"理财知识得分",具体操作过程如下:先通过执行菜单转换(T)→重新编码为不同变量操作,依据表2-3中的理财知识评分情况分别将"理财原则""安全与收益关系""收益性"3个名义变量转换为"理财原则new""安全与收益关系new""收益性new"3个定量变量;然后再执行菜单转换(T)→计算变量操作,通过3个新的定量变量的加权运算构造"理财知识得分"变量。

2.4.4 合并文件

(1)添加个案。将其他文件的记录添加到当前文件中,合并后新数据的记录应该为两文件之和。

将数据文件 data-2.sav 中的个案添加到数据文件 data-1.sav 中的操作过程如下:打开 data-1.sav 文件,执行菜单数据(D)→合并文件→添加个案操作,弹出"将个案添加到"对话框;选择"外部 SPSS Statistics 数据文件"选项,选定添加个案的文件 data-2.sav,如图 2-23 所示,再单击"继续"按钮,弹出如图 2-24 所示的"添加个案"对话框,"非成对变量"框显示两个数据文件中变量名及变量类型不完全相同的变量,即不能完全匹配的变量,其中标有" * "的变量是当前打开数据文件 data-1.sav 中的变量,标有"+"的变量是连接文件 data-2.sav 中的变量;"新的活动数据集中的变量"框显示连接后的新变量;选中"将个案源表示为变量"选项,可在 data-1.sav 数据文件中建立一个以下框中命名的变量来标记记录来源于哪个文件,0 表示源文件 data-1.sav,1 表示连接文件 data-2.sav,系统缺省的变量名为"源 01"。然后单击"确定"按钮即可完成个案的添加操作。

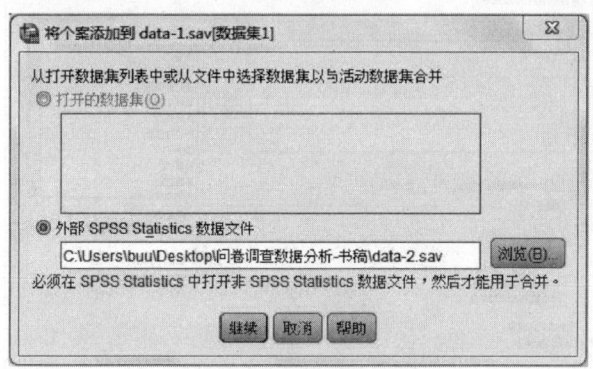

图 2-23 "将个案添加到"对话框

(2)添加变量。将其他文件的变量添加到当前文件中。

将数据文件 data-v2.sav 中的变量添加到数据文件 data-v1.sav 中的操作过程如下:打开 data-v1.sav 文件,执行菜单数据(D)→合并文件→添加变量操作,弹出"将变量添加到"对话框;在"外部 SPSS Statistics 数据文件"选项中选定添加变量的文件 data-v2.sav,再单击"继续"按钮,弹出如图 2-25 所示的"添加变量"对话框,若两个文件中有变量名或变量类型相同的变量,

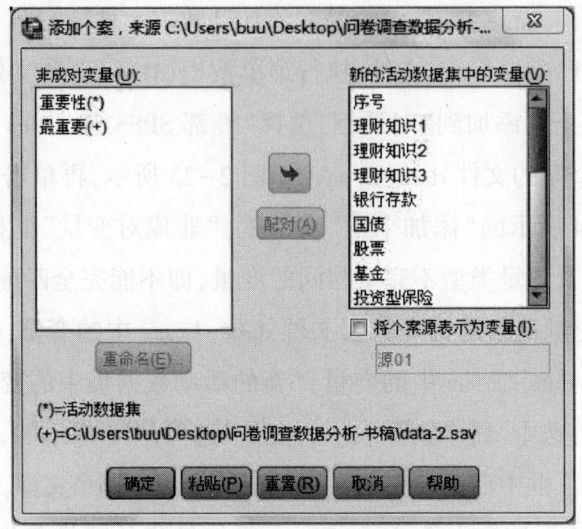

图 2-24 "添加个案"对话框

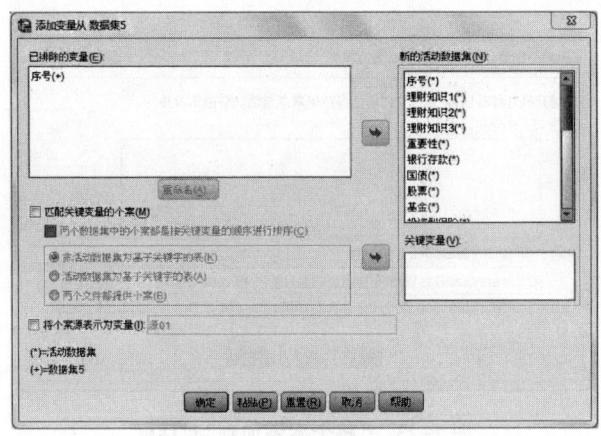

图 2-25 "添加变量"对话框

则当前文件中的该变量显示在"新的活动数据集"框中,连接文件的该变量显示在"已删除的变量"框中;"新的活动数据集"框显示两个文件中变量名或变量类型不完全相同的变量,这些变量将在合并后的文件中以独立的变量形式存在,若想在合并后的文件中不包含某个变量,可选择将其移出放入"已删除的变量"框中;若想把连接文件的该变量合并到新文件中并以独立的变量形式存在,需单击"重命名"按钮给该变量命名。

2.4.5 拆分文件

(1)拆分文件。在进行数据处理时,有时需要将某些分类变量进行分层分析,例如,对性别中的男和女分别进行分析,此时就需要通过拆分文件来实现。

将数据文件 data.sav 按男和女进行拆分的操作过程如下:打开 data.sav 文件,执行菜单数据(D)→拆分文件操作,在弹出的"拆分文件"对话框中选择"比较组"选项,"分组方式"框中选定"性别"变量,设置如图 2-26 所示。然后单击"确定"按钮即可完成拆分文件操作。

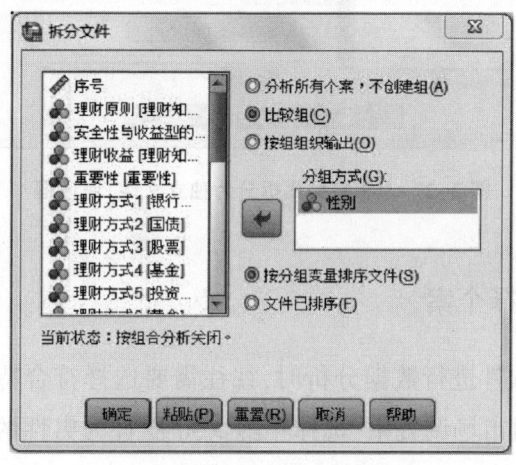

图 2-26 "拆分文件"对话框

(2)拆分为文件是指将一个文件拆分为几个文件,如对性别进行拆分为文件,则会生成男和女两个 SPSS 数据文件。

将数据文件 data.sav 按男和女进行拆分为文件的操作过程如下:打开 data.sav 文件,执行菜单数据(D)→拆分为文件操作,弹出"将数据集拆分为独立的文件"对话框,在"按拆分个案"框中选定"性别"变量,"输出文件目录"框中选定要存放文件的位置,设置如图 2-27 所示。然后单击"确定"按钮即可完成拆分文件的操作。文件拆分后,将在目标文件夹中产生 2 个 SPSS 数据文件,文件名分别为当时设置"性别"变量的值标签,分别用"1"表示"男"、"2"表示"女",因此,2 个 SPSS 数据文件的名称分别为 1.sav 和 2.sav。

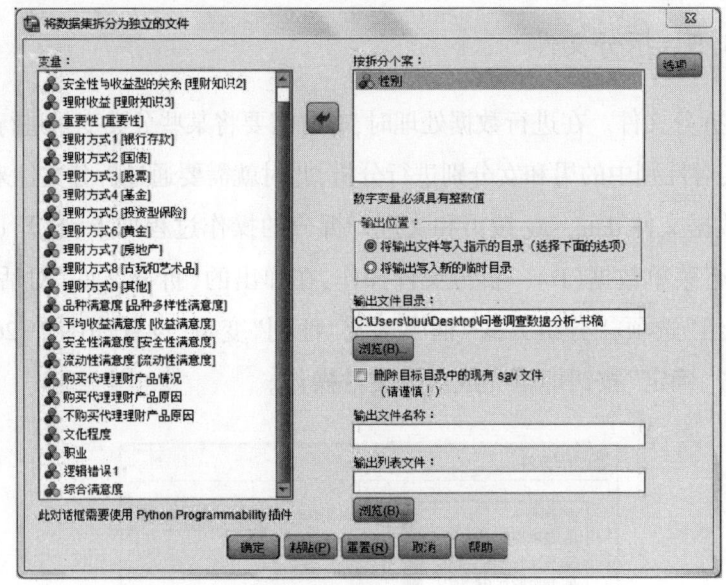

图 2-27 "将数据集拆分为独立文件"对话框

2.4.6 选择个案

使用 SPSS 软件进行数据分析时,往往需要选择符合特定条件的个案。例如,在家庭理财市场调查中,选择年龄≥30 岁且为男性的被调查者,操作过程如下:打开 data.sav 文件,执行菜单数据(D)→选择个案操作,在弹出的"选择个案"对话框中选择"如果条件满足"选项,单击"如果"按钮打开"选择个案:If"对话框,用表达式的方法写出条件选择语句"年龄 >= 30 & 性别 = 1",然后单击"继续"按钮,此时的"选择个案"对话框如图 2-28 所示。再单击"确定"按钮完成操作,生成的新列"filter_$"将会添加到数据视图表的最后一列,其中"1"表示根据条件选中的个案,"0"表示未根据条件选中的个案。

2.4.7 缺失值的查找和替换

使用 SPSS 软件进行数据分析时,有时会因为问卷的设置或者数据的保存等原因,造成用于分析的数据部分缺失。在分析数据前,需要先解决缺失数据问题,再进行数据分析。

2　数据准备

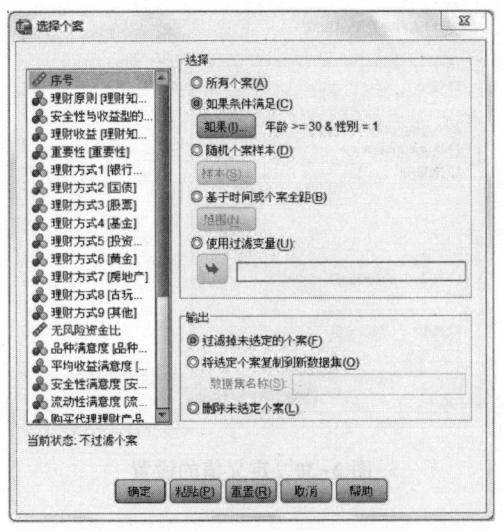

图2-28　设置选择个案的条件

(1)缺失值的查找。查找"年龄"变量中的缺失值,具体操作过程如下:打开data.sav文件,执行菜单转换(T)→对个案内的值计数操作,在弹出的"计算个案内值的出现次数"对话框中进行"目标变量""数字变量""定义值"等相应设置,如图2-29所示,其中定义值的设置如图2-30所示。然后单击"确定"按钮,可在data.sav数据文件中建立一个名称为"年龄_缺失值"的变量来标记哪个个案中的年龄为缺失值,取值为"1"表示年龄有缺失值的个案。

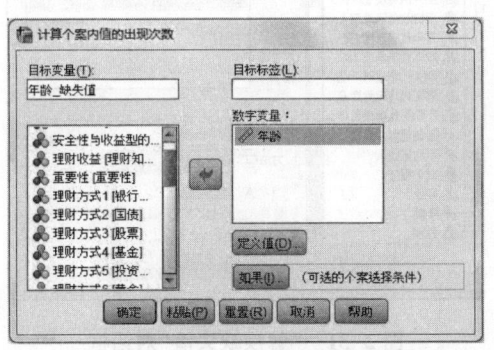

图2-29　"计算个案内值的出现次数"对话框

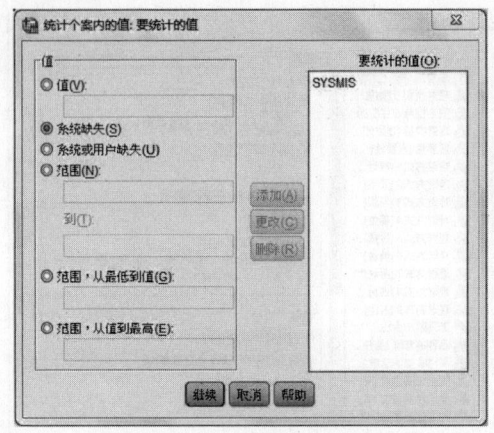

图 2-30 定义值的设置

（2）缺失值的替换。对于缺失值的处理大体上有两种方法：删除有缺失值的个案和替换缺失值。如果缺失值只占数据的 5% 不到，那么，缺失值对数据的影响不大。各种缺失值处理方式差异不大，进行简单处理即可。

替换"年龄"变量中的缺失值，具体操作过程如下：打开 data.sav 文件，执行菜单转换（T）→替换缺失值操作，在弹出的"替换缺失值"对话框中进行相应设置，如图 2-31 所示。然后单击"确定"按钮即可完成缺失值的替换操作。

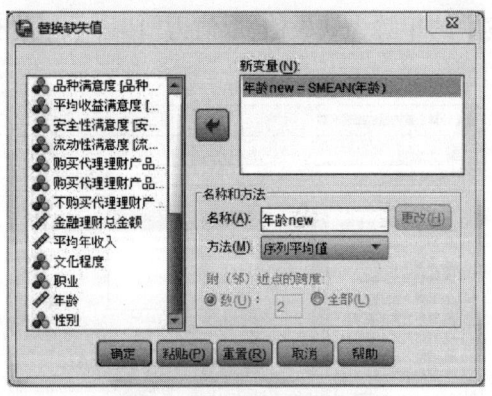

图 2-31 "替换缺失值"对话框

SPSS 软件提供了以下 5 种简单替换缺失值的方法：

①序列平均值。即该变量有效观察值的平均数。

②邻近点的平均值。即该缺失值前后 n 个观察值的平均数。
③邻近点的中位数。即该缺失值前后 n 个观察值的中位数。
④线性插值。即该缺失值前后观察值建立插值直线确定。
⑤邻点处的线性趋势。以编号为自变量,用线性回归法预测值。

习 题

一、操作题

针对自己感兴趣的问题或是结合其他课程学习的需要,依据调查目的设计一份调查问卷,要求问卷的内容应包含被调查者的基本信息、主要问题、态度类问题等,题型应包含单选题、多选题、排序题、开放题等,并进行问卷的发放及收集整理,回收的问卷份数应大于 300 份。然后完成以下工作:

1. 问卷审查:进行总体审查和逻辑审查。
2. 数据编码:设置调查问卷的序号、对题目的选项进行编码。
3. 在 Excel 中录入数据。
4. 在 SPSS 中导入 Excel 数据:进行变量定义及数据的整理工作,为后续的数据分析做好准备。

二、思考题

1. 试述进行问卷审查(总体审查及逻辑审查)的目的。
2. 试述数据编码的作用及需要注意的问题。
3. SPSS 软件"数据编辑器"窗口中数据视图和变量视图各自的作用是什么?
4. 试述 SPSS 软件中变量的数据形式、变量标签和值标签的作用、变量度量标准的形式、缺失值的分类及替换方法。
5. 试述 SPSS 软件中拆分文件和拆分为文件操作的区别。

3 单选题设计与数据分析

 导入案例

不同区域考生报考志愿的差异

某管理学院设有信息管理与信息系统、金融学、金融保险、工商管理4个专业,学生分别来自北京市和京外其他地区。

对361名新生进行问卷调查,调查结果为:来自北京城区的学生217名,来自北京郊区的学生67名,来自京外城区的学生55人,来自京外村镇的学生22人;361名学生中,选择信息管理与信息系统、金融学、金融保险、工商管理的学生分别为28人、31人、31人和271人(表3-1)。

表3-1 某管理学院学生来源地与专业分布统计表

生源地	信息管理与信息系统	金融学	金融保险	工商管理	合计
北京城区	12	19	21	165	217
北京郊区	4	5	7	51	67
京外城区	6	6	2	41	55
京外村镇	6	1	1	14	22
合计	28	31	31	271	361

那么,学生来源地与学生选择志愿是否存在一定的差异性呢?

3.1 单选题种类及设计时的注意事项

3.1.1 量表类单选题

在调查问卷中,需要对被调查者的态度、意见或感觉等心理活动进行判别和测量,如消费者对某种产品的喜好程度、居民对房价上涨的态度和评价等,都需要借助各种数量方法进行测定。所谓量表,就是通过一套事先拟定的用语、记号和数目来测定人们心理活动的度量工具。量表可以将所要调查的定性资料量化。量表的优点首先是可以对被调查者回答的强度进行测量,其次是将被调查者的回答直接转换成数字(直接用于编码),最后是量表可以使用一些更高级的统计分析工具。当然,量表也有一些缺点,如对被调查者的记忆和回答能力要求较高,易引起被调查者的误解。

量表的类型可根据测量尺度划分为类别量表、顺序量表、等距量表和等比量表4种。

(1)类别量表是根据受访者的性质进行分类。例如,"请问您知道某某品牌充电器吗?①知道;②不知道。"此答案代表的数值只做分类用,不能做数值计算。

(2)顺序量表,表示各类别之间不同程度的顺序关系。

(3)等距量表,不仅能表示顺序关系,还能测量各顺序位置之间的距离。

(4)等比量表,表示各个类别之间的顺序关系成比率的量表。

另外,根据态度答案数目还可划分为平衡量表和不平衡量表,如果有利态度的答案数目与不利态度的答案数目相等,该量表为平衡量表,否则为不平衡量表,例如:"您对京东商城的售后服务态度有什么看法?"若答案为:非常好、很好、好、一般、不好、很差、非常差,则是平衡量表;若答案为:非常好、很好、好、一般、不好,则是不平衡量表。采用平衡量表,受访者的答案分配可能比较均匀,客观性较强;采用不平衡量表,答案可能会偏向有利或不利的答案,但优点是可以减少答案数目。

通常问卷中均使用李克特量表。李克特量表(Likert scale)是问卷设计中运用十分广泛的一种量表,它要求受访者表明对某一表述赞成或否定,并将赞成度分为若干类,范围从非常不满意到非常满意,中间为中性类,由于类型增多,人们在态度上的差别就能充分体现出来。例如:非常不满意(1分)、比较满意(2分)、中立(3分)、满意(4分)和非常满意(5分)。在实际应用中,量表根据选项数量可分为四级量表、五级量表、七级量表和九级量表。选项为5个(非常不满意、比较满意、中立、满意和非常满意)的量表称作五级量表。具体量表题项设计应注意以下事项:

(1)量表题项需要有文献参考依据。量表题项设计切勿随心所欲,研究人员应该参考前人的文献量表设计,或者在前人设计的文献量表上进行适当的修改。如果需要对量表进行修改,研究人员需要有充分的依据,例如,根据当前的实际研究,有必要对量表进行微调,需要进行预测试,否则会影响问卷的信度和效度。如量表题项来自国外文献,结合翻译和实际情况,需要对该单选题进行预测试,多次修正问卷,以避免在分析阶段出现问题。

(2)量表题项数量。由单项选择题转换的变量,根据研究目的测量被调查者的特征,常为态度或行为选项,该变量称为目标变量或结果变量(因变量Y),在数据分析时作为检验变量处理。使用量表对某个变量进行测量时,最好每个变量对应4~7个选项,不能太少,也不能太多。例如,测量被调查者离职倾向这个变量时,可以使用5个选项进行测量,比如"家人支持我离开现在的公司""我想寻找其他工作""有其他合适的工作就会辞职""我计划明年辞职""继续待在现在的公司的前景并不乐观"。单项选择题对应的变量具体应该由几个选项构成,应该以参考文献为准。如果变量由3个或2个选项构成,信度会较低;如果变量仅由1个选项构成,则无法测量信度和效度;如果变量由超过10个选项构成,会因被调查者不愿意认真回答而导致数据不真实,最终影响分析结果。

(3)因变量Y题选项设计。在有的问卷设计中,会将自变量X与因变量Y放在同一单选题中,例如"我不满意公司的领导就想辞职",实际上它包括了两个变量,自变量X为领导的满意度,因变量Y为离职倾向,这样的设计是不合适的。比较科学的做法是将此选项拆分为两个,分别是"我对公司领导的满意度情况是:"和"我辞职倾向是:",将自变量 X 与因变量 Y 分别用选项表示,而不能将它们放在同一单选题中。此外,也有的调查问卷里面全部为自变量 X 的选项,没有任何关于因变量 Y 的选项,这也是不合适的。

(4)量表选项设计要规范统一。同一个变量的题项不能混合使用多级量表,例如,变量对应着 4 个题项,其中两个题项使用 5 级量表,另外两个题项使用 4 级量表,此类问卷会导致数据处理不准确,无法计算变量题项的平均值。

(5)量表反向题。如果某个变量使用 4 个选项表示,其中 3 个选项表示样本的正向态度,1 个选项表示反向态度,往往会出现量表反向题。例如,离职由 4 个选项表示,分别是"家人支持我留在现在的公司""我想寻找其他工作""有其他合适工作就会辞职""我计划明年辞职"。"家人支持我留在现在的公司"这个选项与另外 3 个选项意思相反,此题就是反向题。

出于对语言修辞的考虑,有时问卷中必须使用反向提问法,或者量表来源就有反向题(此种情况需要对数据进行重新编码)。如果不是必须使用,应尽量不使用反向题,更不能在问卷中设置没有明确偏向的选项,如"我也不确定到底要不要离职"。通常反向题或者模棱两可的选项容易导致信度和效度偏低。

3.1.2 非量表类单选题

在调查问卷中,样本个人背景信息包括性别、年龄、学历、收入等,可以设置成单选题形式,选项需要结合具体情况确定。如被调查者年龄范围在 20~40 岁时,选项可以设置为:20~25 岁、26~30 岁、31~35 岁和 36~40 岁共 4 项,无须设置 20 岁以下、40 岁以上等选项。

除被调查者背景信息题项外,通常还需要设计被调查者特征信息题项。例如,研究题目为"网络消费态度影响因素研究",则可以加入与网络消费基本现状有关的特征信息题项,如当前网购频率情况、被调查者网购的商品类目情况,以及网购消费金额情况、网购消费平台情况等。

在非量表题项设计方面，研究人员有时并不清楚选项的具体内容应该如何设计，或者对选项设计没有把握。此时可以先进行预调查，总结归纳选项的具体内容。另外，选项设计不宜过多，否则会导致每个选项对应的样本数量过少。如收集100个样本，若某题对应10个选项，会导致个别选项基本没有人选或者选择数量极少；反之，非量表题项的选项也不能过少，如果过少，则信息量不够充分。

3.2 单选题数据分析

3.2.1 单选题变量的特点

3.2.1.1 分组变量的相对性

由单项选择题转换的变量，从其反映事物特征的角度可分为两种类型：一是根据研究目标测量研究对象的特征，常为态度或行为的选择，称为目标变量或结果变量，在数据分析时作为检验变量处理。二是对研究对象的分类，称为分组变量，即影响因素。分组变量与目标变量的划分不是绝对的，许多情况下要根据研究的角度而定。当研究 A 对 B 的影响时，A 是分组变量，B 是目标变量；反之，当研究 B 对 A 的影响时，B 是分组变量，A 是目标变量。例如，当研究不同来源地学生选择专业的区别时，学生的"来源地"是分组变量，"专业"是目标变量；当研究不同专业学生选择就业岗位的区别时，"专业"又是分组变量。"学历"这个变量是最常用的分组变量，但也不是绝对的，当研究父亲的职业对孩子学历的影响时，"学历"就成了目标变量。由单项选择题形成的两变量组合可以没有分组变量，也可以一个是分组变量，另一个是目标变量。

3.2.1.2 样本的独立性

在统计分析中，以分组变量的各组作为样本，一个组就是一类样本，组中的频数（常常是人数）就是该样本的容量，而检验变量的数据就是样本的特征值。由于被调查者个人在填写单项选择题时只能填写一项，所以各样本之间的关系是作为独立样本处理。设有两个定性变量 A 和 B，A 的取值范围为

$i(i=1,2,\cdots,r)$，B 的取值范围为 $j(j=1,2,\cdots,s)$。将 A 作为分组变量，如果 $A_i=r_1$ 的取值 B_j 与 $A_i=r_2(r_1\neq r_2)$ 的取值 B_j 无关，则可将 A_i 视为独立样本。

在选择有关方法时，由单项选择题转换的变量之间的关系分析要选择针对独立样本的检验方法，这一点与多项选择题的处理方法不同。

3.2.2 单选题的数据分析思路

在对选择题的分析中，对变量两两之间关系的分析是数据分析中工作量最大的部分。面对同样的数据，有不同方法可供选择，而方法选取的正确与否直接关系到研究结果的质量和正确性。本章只针对单项选择题，提出以从宽到窄的三层次分析思路作为主线，首先进行二维面考察，然后进行一维线的详细分析，再根据需要进行变量交叉点分析，同时根据研究的深度或角度的不同来选择分析方法。

对于两个定性变量之间的关系分析，包括 3 个方面的目标：一是确定是否具有相应的关系；二是描述关系的方向与强度；三是分析具有何种关系，即描述变量之间的关系状态。关系分析常用的方法有多种：列联表、卡方检验、相关分析、两样本或多样本独立性检验、两个比率差异检验和回归分析方法等。不同的方法从不同角度支持不同的目标，如表 3-2 所示。

表 3-2 不同分析方法从不同角度支持分析目标

目 标	角 度	方 法
变量之间是否具有关系	数据分布状态	卡方检验
	数据位置排列	样本之间的独立性检验
	两变量取值的交叉点	两个比率差异检验
描述关系的方向与强度	相关系数	相关分析
具有何种关系	不同选项分布的状况	列联表和卡方检验
	整体的影响状态和各个变量作用的方向和程度	回归分析

3.2.3 单选题的数据分析框架

单选题数据分析侧重影响关系分析，例如，各种因素对员工薪酬满意度的影响关系分析、员工离职倾向影响关系分析、消费者重复购买意愿影响关系分析等,如果要使用此类分析框架,那在问卷设计上,大部分题项应该为量表题项,少量题项为非量表题项。心理学、管理学、旅游管理、市场营销等专业均使用此种分析框架。单选题数据分析框架主要包括以下9部分:

(1)被调查者背景分析,其目的在于对被调查者的基本背景信息进行分析描述。被调查者背景分析可使用频数分析统计被调查者的基本特征,如性别、学历、收入或婚姻等,并将其整理在一个表格里。

(2)被调查者特征、行为分析,其目的是进一步深入分析。具体可采用描述统计相应的分析方法,如频数分析统计、统计量分析和用图形表述。

(3)指标归类分析,其目的在于将题项进行分类,合并成少数因子,可使用探索性因子分析。首先,将不是因变量和自变量对应的所有题项一起放入并进行探索性因子分析,提取得到因子后,需要对因子进行命名。每个题项对应的因子载荷系数绝对值均需要高于0.4,并且与因子有良好的对应关系,否则可能会导致后续信度分析和效度分析不达标。其次,进行效度验证。最后,进行权重计算。

(4)信度分析,其目的在于研究被调查者的数据是否真实可靠,即被调查者是否真实地回答了各个题项,信度分析可分为四类:α系数、折半信度、复本信度和重测信度。一般建议采用α系数,先对反向题进行反向处理,并且α系数的测量通常以最小变量为准。一般来讲,α系数最好在0.8以上,若变量对应的选项越多,被调查者数量越大,此值会越大。如果某个变量仅由3个选项或者2个选项组成,并且被调查者数量在200以下时,α系数通常会较低(低于0.6)。

(5)效度分析,其目的在于判断调研题项是否可以有效测量研究者需要测量的变量,即问卷题目是否准确有效。信度分析不达标时,效度分析必然不达标。效度分析包括内容效度分析和结构效度分析。对于内容效度,可以通过专家判断,如果专家具有权威性并得到其肯定,问卷是有效的;也可以通过前侧问卷并结合结果进行题项修正等工作,以充分说明问卷有效性。对于结构效度,可采用探索性因子分析和验证性因子分析。

(6)研究变量描述分析。问卷在通过信度和效度分析后,即研究数据可信并且有效,接下来通过计算各研究变量或者具体题项的平均值,可以进一步对各个研究变量进行描述分析。

(7)变量相关关系分析。此分析方法应用于两个变量之间的关系。通过分析,可以了解这两个变量是否有相关关系,以及相关程度的大小,即相关系数。相关分析共分两类,一类为 Pearson 相关系数法,适用于变量呈现出正态或近似正态分布的情况,其取值范围介于-1 到 1 之间,大于 0 呈现正相关,小于 0 呈现负相关。如果该系数大于 0.8,称为强正相关;介于 0.8 与 0.5 之间,称为中度正相关;小于 0.5,称为弱正相关;另一类为 Spearman 相关系数法,适用于变量不呈现为正态或近似正态分布的情况。完成相关分析之后,还可为将来的回归做好准备。相关关系和回归关系表现为:有相关关系但不一定有回归关系,反之,有回归关系一定有相关关系。因此,相关关系分析务必要在回归关系分析之前进行。

(8)研究假设验证分析。研究假设是自变量对因变量的影响关系研究,通常使用多元线性回归分析,主要关注 3 个指标,分别是 F 检验、R^2 和 t 检验。通过 F 检验,如果相应的 p 值小于 0.05,则说明模型有意义;R^2 表示自变量对因变量的解释程度,该值越高越好;t 检验是考量自变量对因变量的影响关系是否显著。

(9)差异分析。应深入挖掘样本数据信息,以便得到更多有意义的研究结论。研究人员可以分析不同类别的样本人群对研究变量的差异情况,可以使用方差分析或者 t 检验。有时也会用到卡方检验来研究两个类别变量之间是否独立。

3.2.4 单选题的数据分析方法

3.2.4.1 描述分析

对调查问卷变量的分析通常是从基本统计分析入手,通过基本统计分析,能够使分析者掌握数据的基本统计特征,把握数据的整体分布形态。基本统计分析的结论对今后进一步的数据建模将起到重要的指导和参考作用。基本统计分析的具体内容包括:编制单个变量的频数分布表;计算单个变量的描述统计量以及不同分组下的描述统计量,有助于反映变量统计特征上的差异;绘制常见的基本统计图形,有助于通过图形直观展现数据的分布特点。

(1)频数分析在 SPSS 中的操作。频数分析是指对问卷题项进行频数和百分比统计,直观描述样本选择情况。频数分析用于样本背景信息统计、样本基本特征描述等,其操作分为两步。

第一步:选择"分析"命令中的"描述统计"命令→选择"频率"命令,如图 3-1 所示。

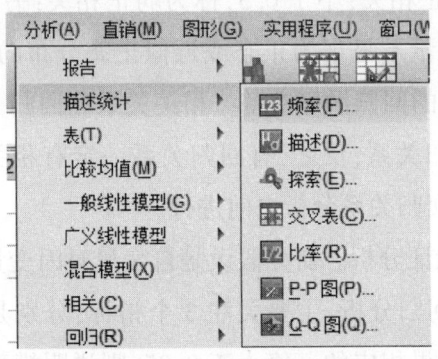

图 3-1　频数分析

第二步:在打开的对话框中的列表框中选入需要分析的变量→单击"确定"按钮,如图 3-2 所示。

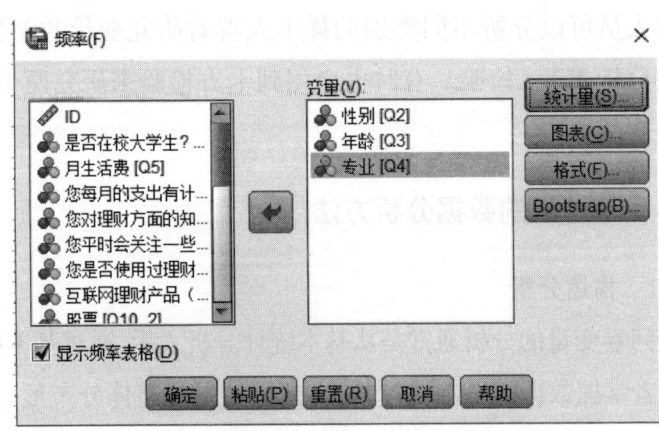

图 3-2　"频数"对话框

对于频数分析结果，SPSS 软件会针对每个题项生成一个单独的表格，表格中的有效百分比是指有效数据的百分比，如果原始数据中有缺失数据，则应该使用有效百分比。累积百分比是指选项的加和累积值(如图 3-3 所示)。

性别

		频率	百分比	有效百分比	累积百分比
有效	男	250	53.4	53.4	53.4
	女	218	46.6	46.6	100.0
	合计	468	100.0	100.0	

年龄

		频率	百分比	有效百分比	累积百分比
有效	大一	151	32.3	32.3	32.3
	大二	117	25.0	25.0	57.3
	大三	100	21.4	21.4	78.6
	大四	100	21.4	21.4	100.0
	合计	468	100.0	100.0	

专业

		频率	百分比	有效百分比	累积百分比
有效	理工类	143	30.6	30.6	30.6
	文科类	172	36.8	36.8	67.3
	艺术类	87	18.6	18.6	85.9
	体育类	66	14.1	14.1	100.0
	合计	468	100.0	100.0	

图 3-3　频数分析结果

(2)描述统计量在 SPSS 中的操作。描述统计量分析中涉及的变量或者量表中的定量数据，使用平均值表示整体样本对相关题项或者变量的态度。描述统计量操作可以分为以下两个步骤：

第一步：选择"分析"命令中的"描述统计"命令→选择"描述"命令，如图 3-4 所示。

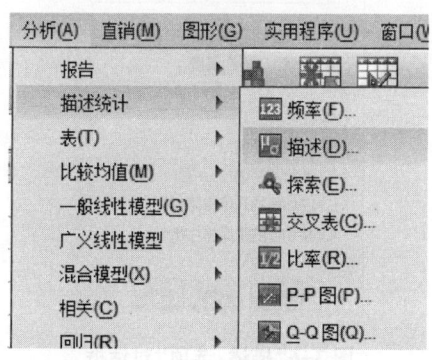

图 3-4　描述分析

第二步:在打开的对话框的列表框中选入需要分析的变量→单击"确定"按钮。如果需要生成标准化变量,还需勾选"将标准化得分另存为变量(Z)"复选框,会在数据视图最后几行出现以"Z"开头的变量名称,即生成标准化变量(如图3-5所示)。

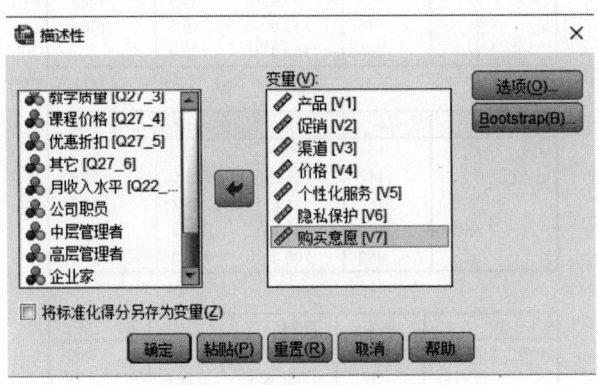

图3-5 "描述性"对话框

在"选项"对话框勾选所有选项,除均值外,还包括最大值、最小值、标准差、峰度和偏度等(如图3-6所示)。

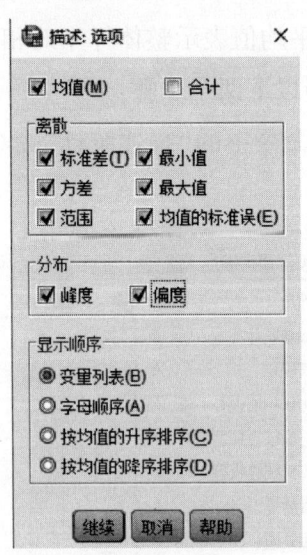

图3-6 "描述:选项"对话框

描述统计量结果输出如图 3-7 所示。

	N	全距	极小值	极大值	均值		标准差	方差	偏度		峰度	
	统计量	统计量	统计量	统计量	统计量	标准误	统计量	统计量	统计量	标准误	统计量	标准误
产品	300	4.00	1.00	5.00	3.5044	.04944	.85625	.733	-.139	.141	-.081	.281
促销	300	4.00	1.00	5.00	2.6400	.05302	.91827	.843	.580	.141	.133	.281
渠道	300	4.00	1.00	5.00	3.3617	.05512	.95467	.911	-.221	.141	-.193	.281
价格	300	4.00	1.00	5.00	3.3950	.05204	.90140	.813	-.231	.141	.053	.281
个性化服务	300	4.00	1.00	5.00	3.4578	.04823	.83543	.698	-.134	.141	.113	.281
隐私保护	300	4.00	1.00	5.00	4.1667	.05707	.98851	.977	-1.025	.141	.337	.281
购买意愿	300	4.00	1.00	5.00	3.5158	.04055	.70233	.493	.108	.141	.804	.281
有效的 N (列表状态)	300											

图 3-7 描述统计量结果输出

(3) 统计图表在 SPSS 中的操作。在图 3-2 中单击"图表"按钮进行设置,最后单击"确定"按钮,即可输出统计图表(如图 3-8 所示)。

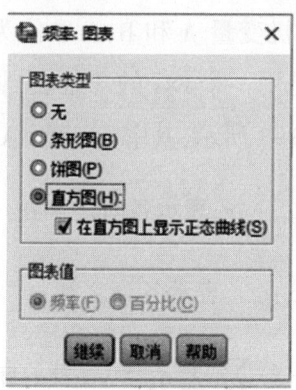

图 3-8 "频率:图表"对话框

结果输出如图 3-9 所示。

3.2.4.2 卡方检验

卡方检验是检验变量数据的实际分布与假设的差异是否显著的方法,从分析的广度上可分为两个层次:一是从二维的层次分析两个变量的数据分布情况,可以列出二维表,但是假设的数据分布只能是均匀分布;二是从一维的层次检验变量的分布,假设条件可以人为设定。

(1) 列联分析和卡方检验。对于两个定性变量的关系,从整体上,也就是从二维的角度考察其数据分布状态,常用列联分析加卡方检验的方法。

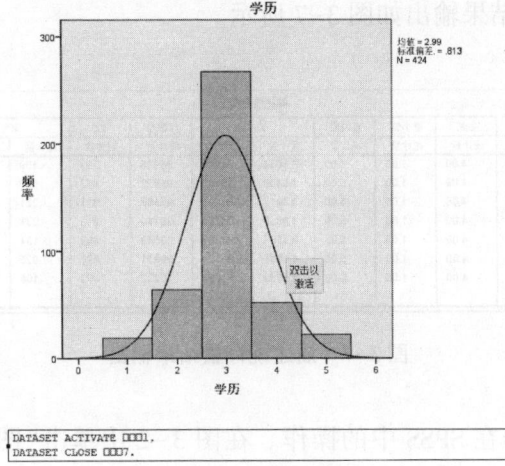

```
DATASET ACTIVATE 쫳1.
DATASET CLOSE 쫳7.
```

图 3-9 直方图

设有样本量为 n 的两个随机变量 A 和 B，A 取值为 $A_1, A_2, \cdots, A_r$，B 取值为 $B_1, B_2, \cdots, B_s$。列联表就是用一个 $r \times s$ 的二维表，将变量在表中每格出现的频数和频率列出来，如表 3-3 所示，其中，n_{ij} 表示 A 取 A_i 及 B 取 B_j 的频数。

$n_{i+} = \sum_{j=1}^{s} n_{ij}$，$i = 1, 2, \cdots, r$，表示各行之和；

$n_{+j} = \sum_{i=1}^{r} n_{ij}$，$j = 1, 2, \cdots, s$，表示各列之和；

$n_{++} = \sum_{j=1}^{s} n_{+j} = \sum_{i=1}^{r} n_{i+} = \sum_{i=1}^{r} \sum_{j=1}^{s} n_{ij} = n$，表示样本总量之和。

表 3-3 A 和 B 两个变量的列联表

	B_1	B_2	…	B_s	合计
A_1	n_{11}	n_{12}	…	n_{1s}	n_{1+}
A_2	n_{21}	n_{22}	…	n_{2s}	n_{2+}
…	…	…	…	…	…
A_r	n_{r1}	n_{r2}	…	n_{rs}	n_{r+}
合计	n_{+1}	n_{+2}	…	n_{+s}	n_{++}

如果变量 A 与 B 完全没有依赖关系，即完全无关，则在每个表格中的分布概率 p_{ij} 为均匀分布，符合古典概率规则，都等于该行概率 p_{i+} 和该列概率 p_{+j}

的乘积。所以,变量之间没有依赖关系的原假设为:
$$H_0: p_{ij} = p_{i+} p_{+j}, 1 \leqslant i \leqslant r; 1 \leqslant j \leqslant s$$

定义 Pearsonχ^2 值(表达式略),如果该值足够大,或相应的相伴概率 p 足够小(默认小于 0.05),说明列联表中具有差异过大的分布,则拒绝原假设,认为行变量与列变量存在关联。

(2)对一维变量分布的卡方检验。如果将卡方检验的范围缩小为一维变量数据,则可以进行人为的设定假设,这种方法也适合具有一个定性变量作为影响因素的定量变量的数据分布检验。设有两个定性变量 A 和 B,A 取值为 $A_1, A_2, \cdots, A_r$,B 取值为 $B_1, B_2, \cdots, B_s$,如果 A 为分组变量,常常需要研究在各个组别情况下变量 B 的数据分布。假设当 $A = A_i (i = 1, \cdots, r)$ 时,B 的数据所来自的总体频数分布比例为 $K_1 : K_2 : \cdots : K_s$,以此作为变量 B 的原假设 H_0,E_j 为以原假设为期望的频数,O_j 为观测数据。构造统计量:

$$Q = \sum_{j=1}^{s} \frac{(Q_j - E_j)^2}{E_j}$$

根据 χ^2 分布给出 Q 统计量的相伴概率值,如果小于给定的显著性水平 α(默认为 0.05),则拒绝原假设,认为变量 B 的总体分布与假设的分布差异显著,反之,如果相伴概率值较大,则不能拒绝原假设,认为变量 B 的总体分布与假设分布差异不显著。当两个变量 A 和 B 在进行过二维层次的卡方检验之后,仍有必要按此方法对变量进行一维层次的卡方检验。原因如下:

①以简洁的方式描述数据分布状态。在对事物的描述中,人们总希望抓住关键的同时又具有简洁的特点,例如,在分析完年龄段与投资品种的关系时,可能会说:老年人的投资在存银行(含国债)、基金、股票这 3 项金融产品中的比例是 1:1:2,中年人的比例是 1:1:1.5,青年人的比例是 1:1:1。从列联表的数据中可以直接看出数据的具体分布,但最好还是假设一个比例,然后进行检验,理由如下:

第一,列联表中的数据是实际的观测数据,其比例结构不可能像上述那样简洁。例如,一组观测数据可能是 58:60:130,而人们常希望简化为简洁比例,如 1:1:2。

第二,列联表中的数据是样本数据,而所提出的假设是对总体数据分布的假设,所以要检验其差异的显著性。

②对各组数据分布的差异进行检验。对两个定性变量 A 和 B,当二维的卡方检验拒绝原假设,说明两个变量的数据分布不均匀,只能说明从总体上看,两个变量具有一定的依赖关系,并不能说明每个组两两之间的分布也具有差异;反之,如果不拒绝原假设,也只是说明从总体上看两个变量的数据分布大体均匀,两个变量的影响不显著,但是不能排除其中某两个组的数据分布可能差异显著。

对分组变量 A 的各个取值,变量 B 的分布差异性检验可以用表3-4 的形式表达。表3-4 中,A_iB 表示 A 在取 i 值时 B 的数据分布,$(A_iB-A_{i\geq i+1}B)$ 表示在 A_i 情况下 B 的分布与 $A_{i\geq i+1}$ 情况下 B 的分布进行的差异显著性检验结果,例如,(A_1B-A_2B) 表示在 A_1 情况下 B 的分布与 A_2 情况下 B 的分布的差异显著性检验结果。具体做法是,对 A_1B 作为 A_2B 的原假设 H_0 进行卡方检验。

表3-4 对各个组别数据分布的差异性检验

	A_1	A_2	…	A_r
A_1	—	A_1B-A_2B	A_1B-A_iB	A_1B-A_rB
A_2		—	A_2B-A_iB	A_2B-A_rB
…			—	$A_iB-A_{i\geq i+1}B$
A_r				—

(3)卡方检验的应用特点。卡方检验从整体上说明了两个变量的数据分布是否具有依赖关系,同时可以在一维的层次检验数据分布是否与某一假设分布具有显著差异,对于定性变量之间关系的分析是一种常用且很好的方法,但是在分析的深度和广度上具有以下3点局限,需要用其他方法补充。

①不能说明变量之间互相影响的方向和程度。这就需要采用相关分析的方法解决。

②不能度量变量之间在各个取值上的数据差异,当然,这可以从列联表中直观看出,但是不能做出对总体数据的推断。需要利用参数统计的方法,从两个变量的变量值差异上进行检验。

③不能描述两个变量影响的趋势。从数据分布比例的角度回答了变量之间"具有何种关系"的问题,但是不能从变化速率的角度回答这一问题,即描述两个变量影响的趋势,这需要借助回归分析的方法来解决。

(4)卡方检验在 SPSS 中的操作。对于单选题的卡方分析,其在 SPSS 中的操作共分 3 步。

第一步:选择"分析"命令→选择"描述统计"命令→选择"交叉表"命令,如图 3-10 所示。

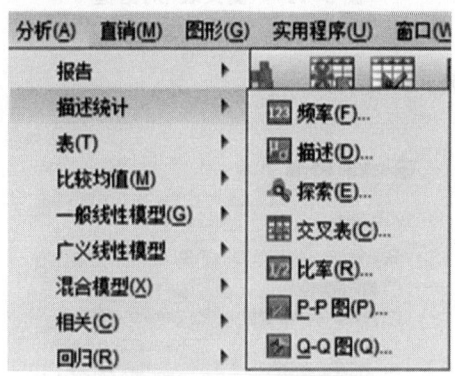

图 3-10 交叉表分析

第二步:在弹出的对话框中将分析变量选入列表框中,如图 3-11 所示。该数据用于研究不同性别(Q2)样本在"Q9 您是否使用过理财产品"和"Q11 您使用过哪种互联网理财产品"这两个题项的差异情况。将性别选入"列"列表框,然后将 Q9 和 Q11 两个题项选入"行"列表框。接着需要对相关选项进行设置,包括"统计量"选项和"单元格"选项,设置"统计量"选项的目的在于输出卡方值和 P 值等,而设置"单元格"选项的目的在于输出百分比数据结果。

①设置"统计量"选项:单击"统计量"按钮→勾选"卡方"复选框→单击

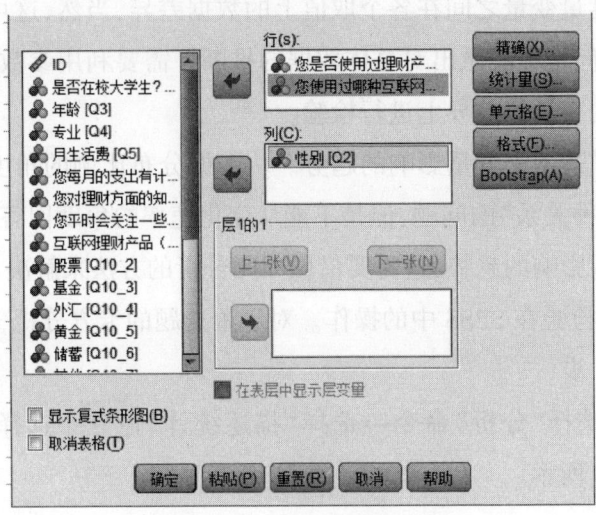

图 3-11 "交叉表"对话框

"继续"按钮,如图 3-12 所示。

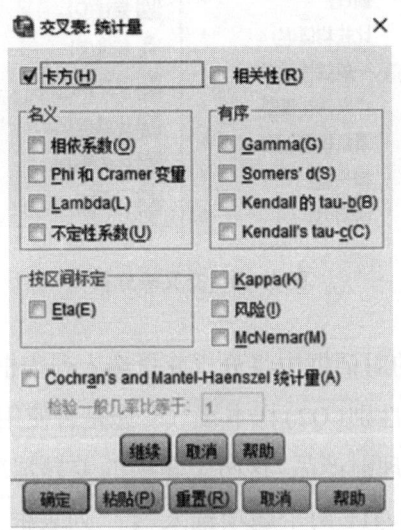

图 3-12 "交叉表:统计量"对话框

②设置"单元格"选项:单击"观察值"按钮→勾选"列"复选框→单击"继续"按钮,如图 3-13 所示。

3 单选题设计与数据分析

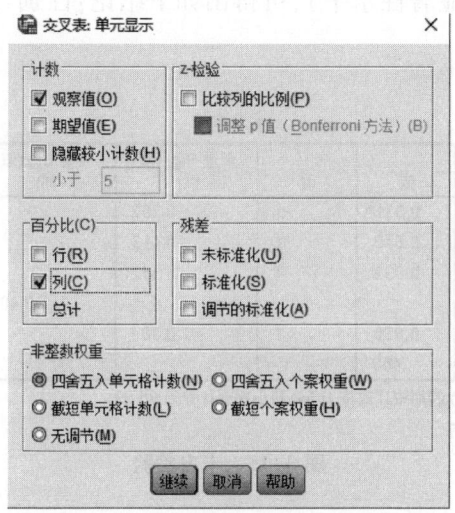

图3-13 "交叉表:单元格"对话框

在进行单选题卡方检验时,共输出两个核心表格,分别是"交叉表"表格和"卡方检验"表格。"交叉表"表格输出样本量和百分比值,"卡方检验"表格输出检验显著值等。

在"交叉表"表格中包含各个交叉选项的频数和百分比,如图3-14所示。例如,男性样本中选择"是"的比例为46.4%,选择"否"的比例是53.6%,合计为100.0%。

交叉表

			性别		合计
			男	女	
您是否使用过理财产品	是	计数	116	92	208
		性别 中的 %	46.4%	42.2%	44.4%
	否	计数	134	126	260
		性别 中的 %	53.6%	57.8%	55.6%
合计		计数	250	218	468
		性别 中的 %	100.0%	100.0%	100.0%

图3-14 交叉表

在"卡方检验"表格列出多个指标值,其中Pearson卡方(即卡方值)和对应的P值为有意义的指标值。如图3-15所示,该例的卡方值为0.831,P

81

值为 0.362>0.05(显著性水平),可得出如下结论:性别与"您是否使用理财产品"差异不显著。

卡方检验

	值	df	渐进 Sig.(双侧)	精确 Sig.(双侧)	精确 Sig.(单侧)
Pearson 卡方	0.831[a]	1	0.362		
连续校正[b]	0.670	1	0.413		
似然比	0.832	1	0.362		
Fisher 的精确检验				0.401	0.207
线性和线性组合	0.829	1	0.362		
有效案例中的 N	468				

a. 0 单元格(0.0%)的期望计数少于 5。最小期望计数为 96.89。
b. 仅对 2x2 表计算

图 3-15 卡方检验

3.2.4.3 t 检验

t 检验共分 3 类,分别是独立样本 t 检验、配对样本 t 检验和单样本 t 检验。在问卷数据分析中通常会使用独立样本 t 检验,后两者使用较少,在此不做介绍。

独立样本 t 检验,如性别分男性和女性,专业分理工科和文科,均可以运用这种方法进行分析。独立样本 t 检验在 SPSS 中的操作共分为 3 步。

第一步:选择"分析"命令→选择"比较均值"命令→选择"独立样本 T 检验"命令,如图 3-16 所示。

第二步:将分析变量选入列表框中。在打开的对话框中将分类数据选入"分组变量"列表框中,将定量数据选入"检验变量"列表框中,接着单击"定义组"按钮进入下一步,如图 3-17 所示。

第三步:单击"定义组"按钮→设置指定值→单击"继续"按钮→单击"确定"按钮。由于独立样本 t 检验仅能对比两组数据,因而需要在 SPSS 操作中设置对应关系,例如,对比男生和女生两组数据,并且男生使用 1 表示,女生使用 2 表示,那么,分别在"组 1"和"组 2"对应的文本框中输入 1 和 2,如图 3-18 所示。

在进行独立样本 t 检验操作时,其输出两个表格,分别是"组统计量"表

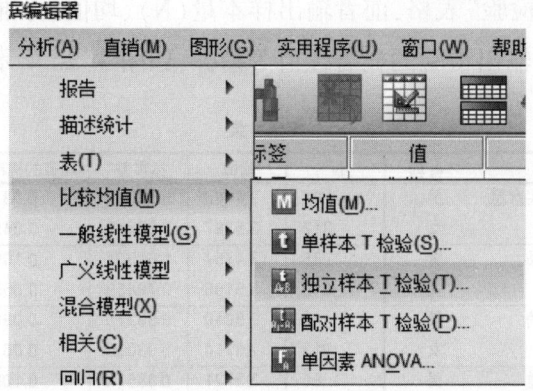

图 3-16 独立样本 t 检验

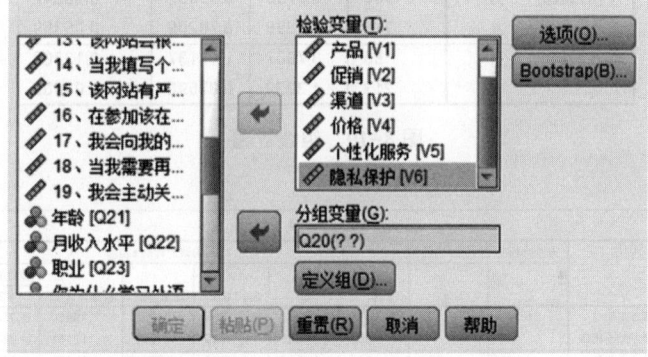

图 3-17 "独立样本 t 检验"对话框

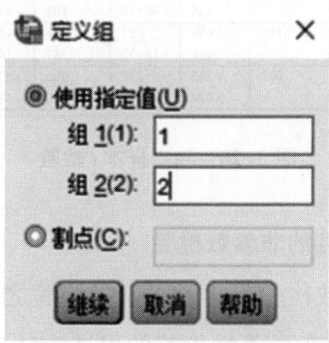

图 3-18 "定义组"对话框

格和"独立样本检验"表格,前者输出样本量(N)、均值、标准差等指标,如图 3-19 所示;后者输出检验的显著性值等指标,如图 3-20 所示。

组统计量

	性别	N	均值	标准差	均值的标准误
购买意愿	男	86	3.4680	0.78384	0.08452
	女	213	3.5387	0.66718	0.04571
产品	男	86	3.4767	1.01304	0.10924
	女	213	3.5196	0.78659	0.05390
促销	男	86	2.5640	0.89376	0.09638
	女	213	2.6714	0.93035	0.06375
渠道	男	86	3.3721	0.98574	0.10630
	女	213	3.3568	0.94640	0.06485
价格	男	86	3.2558	0.95408	0.10288
	女	213	3.4507	0.87748	0.06012
个性化服务	男	86	3.3798	0.95952	0.10347
	女	213	3.4898	0.78209	0.05359
隐私保护	男	86	3.7907	1.14137	0.12308
	女	213	4.3239	0.87590	0.06002

图 3-19 组统计量

独立样本检验

		方差方程的 Levene 检验		均值方程的 t 检验					差分的 95% 置信区间	
		F	Sig.	t	df	Sig.(双侧)	均值差值	标准误差值	下限	上限
产品	假设方差相等	5.282	.022	-.391	297	.696	-.04282	.10956	-.25843	.17279
	假设方差不相等			-.352	128.369	.726	-.04282	.12181	-.28383	.19820
促销	假设方差相等	.343	.559	-.914	297	.362	-.10741	.11754	-.33873	.12391
	假设方差不相等			-.930	163.124	.354	-.10741	.11555	-.33558	.12076
渠道	假设方差相等	.000	.997	.125	297	.901	.01529	.12237	-.22554	.25611
	假设方差不相等			.123	151.622	.902	.01529	.12451	-.23072	.26129
价格	假设方差相等	.191	.662	-1.695	297	.091	-.19489	.11499	-.42119	.03141
	假设方差不相等			-1.636	146.139	.104	-.19489	.11916	-.43039	.04061
个性化服务	假设方差相等	2.500	.115	-1.029	297	.304	-.10998	.10690	-.32036	.10039
	假设方差不相等			-.944	132.883	.347	-.10998	.11652	-.34046	.12049
隐私保护	假设方差相等	9.933	.002	-4.350	297	.000	-.53325	.12258	-.77447	-.29202
	假设方差不相等			-3.894	127.342	.000	-.53325	.13693	-.80420	-.26229

图 3-20 独立样本 t 检验

3.2.4.4 样本独立性的非参数检验

样本独立性的非参数检验是指除了卡方检验之外的其他检验方法。

(1)两个独立样本分布显著性检验的可选方法。前已述及,对于单项选择题转换的变量,应该选择独立样本的非参数检验。对于两个变量数据分布是否差异显著的检验,在 SPSS 中的非参数检验的两个独立样本检验中

(如图3-21所示)提供了4个方法:Mann-Whiteney U 检验、Kolmogorov-SmirnovZ(K-S)方法、Moses 极端反应检验和 Wald-Wolfowitz 游程检验。在这4种方法中,对定性变量来说,Mann-Whitney U 检验是比较好的典型方法。其他三种方法各有特色,但也因其特色而具有比较明显的局限性。其中:Kolmogorov-SmirnovZ(K-S)方法比较适合目标变量是定量变量的情况,如果目标变量是分级较多的定序变量,而且样本量较大,比较适合采用此方法;Moses 极端反应检验容易受到数据中极端值的影响,在排除或不排除极端值的两个条件下,结果一般会有一定差别;Wald-Wolfowitz 游程检验受到"组间结"的影响较大。所谓"组间结"就是两组样本中具有相同的变量值,在不出现"组间结"的情况下,游程检验与 Mann-Whitney U 检验很接近,但是作为取值有限的定性变量来说,较多的"组间结"是正常现象,所以一般不用游程检验。

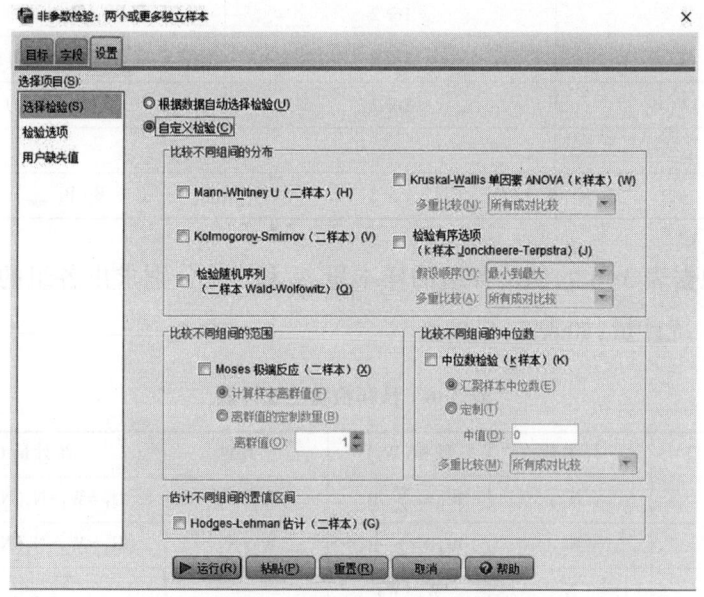

图 3-21 两个或更多独立样本非参数检验

(2) 两个独立样本的秩和 Mann-Whitney U 检验。设两个变量 A 和 B,A 为分组变量,只有两个值,即 $A=A_i(i=1,2)$;B 为检验变量,B 的值为 B_j ($j=1,2,\cdots,s$)。原假设是当 A=1 时,总体数据 B 的分布与 A=2 时总体数据 B 的分布没有显著差异,如果以"1"和"2"代表两类人,B 是某单项选择题转化的变量,$B_j(j=1,2,\cdots,s)$ 是各个选项,原假设就是"1"和"2"这两类人的总体数据,在选择 B 中的选项 B_j 方面没有显著差异。如果由抽样数据计算的统计量表明在样本数据中两者的差距足够大,则拒绝原假设,反之不拒绝原假设。

秩和 Mann-Whitney U 检验是从两组变量数据分布的排列秩序的角度衡量数据分布的差异。首先,将个案数据以变量 B_j 的升序为准进行排序,变量 A 和 B 的每对数值的顺序号称为"秩",以 $R_i(i=1,2,\cdots,N)$ 表示,其中,R_{1i} 表示第 1 组 R_i,R_{2i} 表示第 2 组 R_i,如表 3-5 所示。

表 3-5 变量 A 和 B 的秩

秩(序号)(R)	A	B
1	1or 2	$B_1(B_1=\min)$
2	1or 2	$B_2(B_2 \geq B_1)$
3	1or 2	$B_j(B_j \geq B_{j-1})$
…	…	…
n	1or 2	$B_s(B_{s=\max})$

再根据表 3-6 的秩及各组的样本量 N_1 和 N_2,分别求出各组的秩和、平均秩和 U 统计量,如表 3-6 所示。

表 3-6 秩和检验的统计量

A(分组变量)	样本数	秩和(W_i)	平均秩	统计量 U_i
1	N_1	$W_1 = \sum R_{1i}$	W_1/N_1	$U_1 = W_1 - N_1(N_1+1)/2$
2	N_2	$W_2 = \sum R_{2i}$	W_2/N_2	$U_2 = W_2 - N_2(N_2+1)/2$
合计	N	$W_1 + W_2$	—	—

将两组秩和 W_1 与 W_2 中的较小者作为 Wilcoxon W 统计量,U_1 和 U_2 中的较小者作为 Mann-Whitney U 统计量,即:Wilcoxon $W = \min(W_1, W_2)$;Mann-Whitney $U = \min(U_1, U_2)$。统计软件 SPSS 在分辨大样本或小样本的情况下,自动计算相应分布的 Z 值和渐进概率,如果渐进概率小于给定的显著性水

平,则拒绝原假设,认为两个样本 A_1 和 A_2 在变量 B 上的数据分布差异显著,否则不拒绝差异不显著的原假设。

(3)多个独立样本分布的显著性检验。

①多个独立样本检验方法。如果分组变量 A 的取值数量不限于 2 个,而是 $k(k \geqslant 2)$ 个,SPSS 在非参数检验的 k 个独立样本检验中提供了 3 种方法(见图 3-21)。3 种方法各有特点,中位数检验方法适合检验变量是定量变量的情况,对于定性变量不建议采用,应在 Kruskai-Wallis 检验和 Jonckheere-Terpstra 检验中选择。统计理论认为,Jonckheere-Terpstra 检验的效率高一些(王星,2009),也就是在相同条件下,所需的样本量较少。从两者构造统计量的公式来看(薛薇,2010),尽管在思路上没有较大差异,但 Kruskai-Wallis 检验是 Mann-Whitney U 的扩展,反过来说,Mann-Whitney U 就是两个样本的 Kruskai-Wallis 检验。从两者拒绝原假设的难易程度上看也具有一定差别。

为了探索两个检验方法在结果上的区别,首先构造了两个变量,样本总量为 33。将变量 $X_i(i=1,2,3)$ 作为分组数据,$B_j(j=1,2,3,4,5)$ 作为检验变量,在设定 3 个组的初始数据时,人为地将 3 个组的数据设定为差异极其显著,将 X_1 的 B_j 设为 1 或 2,X_2 的 B_j 设为 3 或 4,X_3 的 B_j 设为 4 或 5,进行两种方法的检验;然后按照逐渐减少差异性的方向修改数据,每次修改 2 个数据之后进行一次检验。经过多次检验之后发现,在 3 组数据的分布具有明显差异时,两个方法的渐进显著性(相伴概率)都接近 0,相对来说,Jonckheere-Terpstra 检验的概率值较小,随着人为调整数据,3 个组的分布逐渐接近,Jonckheere-Terpstra 检验的概率值增加的速度比 Kruskai-Wallis 检验快,当达到一定程度后,Jonckheere-Terpstra 检验的概率值将超过 Kruskai-Wallis 检验。

基于 Kruskai-Wallis 检验在方法上与 Mann-Whitney U 检验的一致性,以及上述的检验结果的规律,即在显著性水平为常规的 0.05 时,拒绝原假设相对比较容易,所以建议在一般情况下采用本方法。

②两两组合进行两个独立样本检验。一般来说,当应用 k 个独立样本检验接受原假设时,没必要进行这一步,如果拒绝了原假设,只能说明在多

个组的数据分布中存在显著差异,但是不等于每两个组的组合都具有显著差异,如果要进一步研究,还需要两两组合进行两个独立样本检验。在操作中要注意方法的一致性,即两两组合进行两个独立样本检验与 k 个独立样本检验所用方法要一致。表达方式可以采用表 3-7 的形式,由分组变量 A_k 作为表的行与列,对各组进行两两组合,采用两个独立样本检验方式,将渐进显著性 α 填入相应的单元格中,以观察各组两两之间数据分布的差异性。

表 3-7　对各组分布的差异性进行两两组合检验

	A_1	A_2	…	A_k
A_1	—	a_{12}	a_{1i}	a_{1k}
A_2		—	a_{2i}	a_{2k}
⋮				a_{ik}
A_k				—

3.2.4.5　相关分析

对于定性变量的相关分析方法较多,分为定类变量的相关分析和定序变量的相关分析两类,二者本质不同,原则上不可混用,但是实际中将定类变量数字化后,常常采用顺序变量的相关系数分析,常用的是肯德尔(Kendall)等级相关和斯皮尔曼(Spearman)等级相关分析,其结果与用于分类变量的相关系数很接近。对于类型为字符串(String)的数据,常用的统计软件 SPSS 提供了 4 种方法:列联系数(Contingency Coefficient)、Phi and Cramer's V 系数法(V 相关系数、ψ 系数)、Lambda(λ)系数法和不定系数(Uncertain Coefficient)法。对于顺序变量,典型的方法是肯德尔等级相关和斯皮尔曼等级相关分析。这些不同的方法在算法上、对数据分布的要求上、检验的敏感性上有差别。

相关分析用于研究两两变量之间的相关关系情况,其衡量标准为相关系数。相关系数一般使用两个,分别是 Pearson 相关系数和 Spearman 相关系数,在问卷分析中通常使用 Pearson 相关系数,具体分析步骤分为两步:

第一步:选择"分析"命令→选择"相关"命令→选择"双变量"命令,如

图 3-22 所示。

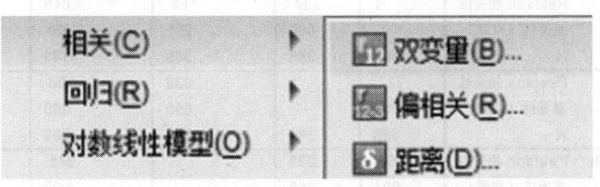

图 3-22 双变量相关分析

第二步：在弹出的对话框中将分析变量选入列表框，选择相关系数的种类→单击"确定"按钮，如图 3-23 所示。

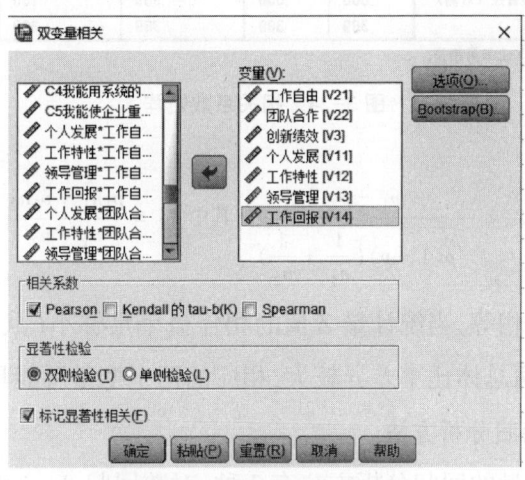

图 3-23 "双变量相关"对话框

结果输出如图 3-24 所示。

3.2.4.6 两个总体比率差异检验

参数检验中两个总体比率之差检验是基于正态分布，所以用 Z 统计量。设有两个独立样本，样本容量分别为 n_1 和 n_2，对于某随机变量值的比率，即单选题某选项的比率分别为 p_1 和 p_2，目的是检验二者所代表的总体比率是否具有显著性差异，其统计量计算为：

相关性

		工作自由	团队合作	个人发展*工作自由	工作特性*工作自由	领导管理	工作回报
工作自由	Pearson 相关性	1	.227**	-.169**	-.045	.215**	.230**
	显著性（双侧）		.000	.001	.381	.000	.000
	N	389	389	389	389	389	389
团队合作	Pearson 相关性	.227**	1	-.030	.190**	.620**	.568**
	显著性（双侧）	.000		.555	.000	.000	.000
	N	389	389	389	389	389	389
个人发展*工作自由	Pearson 相关性	-.169**	-.030	1	.545**	-.020	-.047
	显著性（双侧）	.001	.555		.000	.687	.359
	N	389	389	389	389	389	389
工作特性*工作自由	Pearson 相关性	-.045	.190**	.545**	1	.178**	.083
	显著性（双侧）	.381	.000	.000		.000	.100
	N	389	389	389	389	389	389
领导管理	Pearson 相关性	.215**	.620**	-.020	.178**	1	.695**
	显著性（双侧）	.000	.000	.687	.000		.000
	N	389	389	389	389	389	389
工作回报	Pearson 相关性	.230**	.568**	-.047	.083	.695**	1
	显著性（双侧）	.000	.000	.359	.100	.000	
	N	389	389	389	389	389	389

**. 在 .01 水平（双侧）上显著相关。

图 3-24 相关系数矩阵

$$Z = \frac{p_1 - p_2}{\sqrt{p(1-p)(\frac{1}{n_1} + \frac{1}{n_2})}}, 其中, p = \frac{p_1 n_1 + p_2 n_2}{n_1 + n_2}$$

原假设二者相等,当统计量 Z 值的相伴概率足够小(默认为 0.05)时拒绝原假设,说明两总体比率差异较大,相应的两个变量可能具有依赖关系。

3.2.4.7 回归分析方法

用于定性变量的回归分析方法有 3 种:对数回归、Logistic 回归和一般一元回归。前两种属于专门用于定性变量的回归,而一般一元回归属于参数统计,是将定性变量作为定量变量处理的一种方法。一般一元回归的优点是可以采用曲线回归,回归方程的拟合性较好,其应用条件是,自变量最好是 5 级及以上的定序变量,典型应用是分别将另一测量项目各个选项的频数或频率作为因变量建立一元回归模型。对数回归不区分自变量和因变量,可以用于建立多元关联模型图。Logistic 回归的因变量为定性变量,自变量不限,典型应用是建立因变量是定类变量特别是二分变量的多元回归模型。

在进行一元线性回归分析之前需要进行相关分析。一元线性回归分析在 SPSS 中的操作共分为 3 步。

第一步:选择"分析"命令→选择"回归"命令→选择"线性"命令,如图 3-25 所示。

图 3-25　线性回归分析

第二步:在打开的"线性回归"对话框中选择分析变量,如图 3-26 所示。

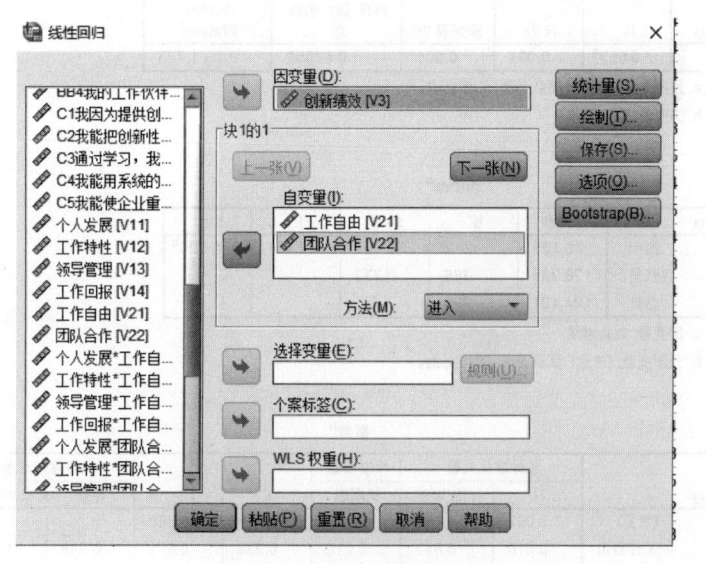

图 3-26　线性回归对话框

由图 3-26 可以看出,因变量为"创新绩效",其对应的自变量有两个,分别是"工作自由"和"团队合作"。在一般研究中基本会使用"进入"分析方法。

第三步:设置相关选项→单击"确定"按钮(如图 3-27 所示)。

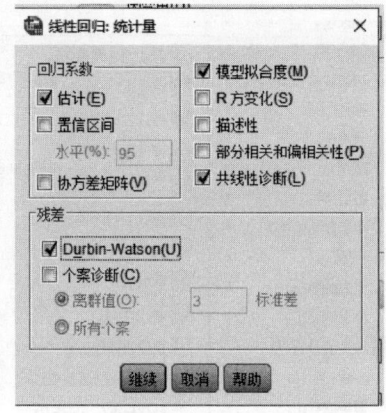

图 3-27 "线性回归:统计量"对话框

输出结果如图 3-28 所示。

模型汇总[b]

模型	R	R方	调整R方	标准 估计的误差	Durbin-Watson
1	0.552[a]	0.304	0.301	0.57652	1.723

a. 预测变量:(常量),团队合作,工作自由。
b. 因变量:创新绩效

Anova[a]

模型		平方和	df	均方	F	Sig.
1	回归	56.125	2	28.062	84.431	0.000[b]
	残差	128.296	386	0.332		
	总计	184.421	388			

a. 因变量:创新绩效
b. 预测变量:(常量),团队合作,工作自由。

系数[a]

模型		非标准化系数		标准系数	t	Sig.	共线性统计量	
		B	标准 误差	试用版			容差	VIF
1	(常量)	2.002	0.182		10.974	0.000		
	工作自由	0.010	0.042	0.010	0.239	0.811	0.948	1.054
	团队合作	0.466	0.037	0.549	12.598	0.000	0.948	1.054

a. 因变量:创新绩效

图 3-28 线性回归结果

通过图 3-28 中的结果可以看出，R^2 为 0.304，说明所有自变量 X 可以解释因变量 Y 值变化的 30.4%，D-W 值为 1.723，在 2 附近，说明样本之间没有影响关系，P 值(sig.)说明在所有自变量中，至少有一个自变量会对因变量产生影响。通过系数表格中的 P 值可以看出，"工作自由"不会对因变量产生影响，"团队合作"对因变量"创新绩效"会产生显著的正向影响。通过 VIF 值可以看出，两个自变量没有多重共线性问题。

3.2.4.8 各方法比较

（1）分析的广度和角度不同。按照分析的广度可分为三个层次，即二维分析、一维分析和交叉点。二维分析又包含两个子层次，即二维面分析和二维线分析。不同的方法适合不同的广度层次，同时不同方法对数据分析的角度不同。列联表用于对二维或以上数据分布的全面描述，各类非参数统计和相关分析既可以从二维的角度描述，也可以从一维的角度描述。本章论述的一元回归是从一维的角度描述两个变量的整体关系形态，参数检验只能从变量取值交叉点的层次研究变量之间的关系。表 3-8 从研究的广度和角度两个方面考察不同方法的特点。

表 3-8　根据研究的广度和角度选择分析方法

研究的广度		研究的角度	方法
二维分析	面分析	描述和观察	列联表
		总体上是否具有影响	卡方检验、K 个独立样本非参数检验
		影响的方向和程度	相关分析
	线分析	分组变量两两之间的差异检验	秩和检验等
一维分析		数据分布情况	卡方检验
		多等级定序变量对另一变量影响模型	一元回归
交叉点分析		变量交叉点之间取值比率的差异性	两样本比率差异检验

（2）检验效果不同。统计方法，包括非参数检验和参数检验，都设有原假设，假设两个变量无关或两个比率无差异，然后根据样本数据计算统计量，当统计量大到一定程度，其相伴概率小于等于显著性水平（一般为 0.05）

时,拒绝原假设,认为两个变量有关或互相依赖,否则不能拒绝原假设。但是参数统计和非参数统计的前提条件不同,最大的不同是对总体分布的假设。参数统计一般假设总体数据是二项分布、t 分布或正态分布,当样本量足够大时接近正态分布。非参数检验对总体数据分布要求较低,即假设总体分布未知或知之不多。王星(2009)将非参数统计定义为:"这种不假定总体分布的具体形式,尽量从数据(样本)本身获得所需要的信息,通过估计获得分布的结构,并逐步建立对事物的数学描述和统计模型的方法称为非参数统计。"

由于二者对总体分布的要求不同,导致在同样样本的情况下,非参数检验和参数检验的结果不同。二者对于拒绝差异不显著的原假设,哪一个更为严格,与数据分布特征、定性变量的取值数量(决定非参数统计的自由度)和样本量关系很大,难以论证出确定模型。一般而言,如果样本量足够大,对于总体分布接近正态分布具有比较大的把握,参数检验更容易拒绝原假设。反之,如果样本量不足,数据分布与正态分布差距较大,某些非参数检验相对比较容易拒绝原假设。前面讨论过,即使对于非参数检验的不同方法,面对同样的数据也可能得出不同结果。

以卡方检验和两个总体比率之差检验为例,在数据相同的情况下,所得结果可能不一致。笔者利用测试数据做过试验,发现与样本量关系很大。下面将样本量分为不足、适中和足够三种情况分别讨论。

①样本量不足。对二维层面的卡方检验,要求其列联表的单元格中,频数小于5的单元格的数量不能大于单元格总数的20%,而且不能出现频数为0的单元格。但是对于两个取值较多的变量,这个条件常常达不到或勉强达到。在这种情况下,采用一维的卡方检验或者其他非参数检验可能会很明显地拒绝原假设,而参数检验往往很难拒绝原假设。例如:有两个定性变量A和B,各取5个数据,列联表共有25个单元格,每个单元格的期望频数最低为5,在数据分布最平均的情况下需要125个样本量。事实上,数据绝对均匀分布是不可能的,即使出现这种情况,统计分析也就失去了意义,统计的基本前提就是数据存在差异性。在数据不均匀分布的情况下,常常

是200多的样本量也感到不够,与此相应的卡方检验的相伴概率较高,很可能与显著性水平(0.05)相差不大,很难做出决策。此时采用其他非参数检验方法,如秩和检验,很可能以极其显著的结果拒绝原假设。如果采用参数检验的方法,在25个单元格中检验各个单元格两两之间比率的差异,由于每个单元格的样本量过少,距离正态分布差距过大,很可能没有一对数据的差异显著。

②样本量足够大。在样本量足够大的情况下,例如,列联表中单元格样本量大于30,在对单元格的数据进行两个比率之差检验时,二项分布接近正态分布,这种参数检验的效率较高。有时数据分布的差异性不是很高,采用卡方检验接受原假设,但是采用参数检验方法却可以说明两个变量具有显著的依赖或影响关系。

③样本量适中。在样本量不是明显不足也不是明显足够用的情况下,不同方法的结果往往不一致的情况较多,也难以简单说明哪个方法更有效。这种情况在实践中更为常见。建议从两个方面考虑,一是三层次分析,二是根据研究目标和变量性质选择方法。

3.3 检验变量数据差异的三层次法

由于不同的分析方法具有不同特点,在进行数据分析时就要根据不同的情况采用不同方法。

3.3.1 三层次分析的主要方法

3.3.1.1 二维分析

二维分析包括二维全面分析和二维线分析两个子层次。

(1)二维全面分析。从二维的角度全面观察两个变量取值各个交叉点的频数和频率,最常用的方法就是列联分析和假设均匀分布的卡方检验,也可以采用多个独立样本非参数检验方法,具体包括3种方法:Kruskal-Wallis检验、Jonckheere-Terpstra检验和中位数检验。不论是否拒绝原假设,再继续分析往往是必要的。

(2)二维线分析。二维线分析就是在两个变量的关系分析中,对于分组变量的各个组进行两两之间的差异显著性检验,所用方法可以是两个角度:一是采用2个独立样本的显著性检验,优先推荐秩和检验;二是采用k个独立样本的检验,在设置分组变量时分别进行两两组合设置。如果分组变量具有k组的话,则组合数量为$(k^2-k)/2$。

3.3.1.2 一维分析

一维分析是将分组变量固定在某个组别上,考察该组的数据分布情况。经典分析方法是卡方检验,在观察列联表的基础上,提出一个可以突出数据分布基本特征而又简洁的比例作为假设,然后对其进行显著性检验。

3.3.1.3 交叉点分析

交叉点分析根据需要采用,如果前两个层次可以满足研究需要,则不必进行这一步分析,有些分析也可直接进行交叉点分析。进行本交叉点分析是出于如下3点理由:

(1)在二维面分析和二维线分析的层次上接受原假设,不能排除变量各个交叉点之间具有显著性差异。非参数统计方法只能在二维层次上检验数据的分布是否具有显著性,在接受两个变量数据分布差异不显著的原假设情况下,不能排除两个定性变量在各个取值交叉点上的差异。两个定性变量A和B,A取值为$A_i(i=1,2,\cdots,r)$,B取值为$B_j(j=1,2,\cdots,s)$。当变量二维的卡方检验接受原假设后,不能排除在一维的情况下,即A取值为A_i时各组变量B的分布之间没有显著差异,即使各组变量B的分布之间没有显著差异,也不能排除A与B在交叉点之间数据的差异,即A_iB_j之间的差异。这种差异的检验属于参数检验。如果以变量A为分组变量,检验变量A_i的各个交叉点上变量B数据的差异,所要检验的点的组合构成了一个三维立方体,在变量$A=A_i$的每个切片下是一个二维表,如表3-9所示。表3-9中α为相应变量组合下显著性检验的相伴概率。

(2)两个变量数据分布具有差异,不等同两个变量所有交叉点的数据都具有差异。在二维分析层次上拒绝差异不显著的原假设只能说明数据的分布不均匀,不能说明两个变量在每个取值的交叉点上都具有显著差异。

表 3-9　在 $B=B_j$ 时的变量 A 各个组合数据差异的检验

	A_1	A_2	A_i	A_r
A_1	—	α_{12}	α_{1i}	α_{1r}
A_2		—	α_{2i}	α_{2r}
A_i			—	α_{ir}
A_r				—

（3）根据研究目的和变量性质的不同，对接受或拒绝变量之间是否具有影响的倾向不同。前文已经说明，非参数检验和参数检验在拒绝两个变量差异不显著的原假设的难易程度不同，主要与样本量和数据的总体分布有关。如果两个变量，一个是分组变量，另一个是目标变量，经验表明，分组变量对目标变量具有影响，则可以根据样本条件选择容易拒绝原假设的方法；反之，如果是两个目标变量，根据专业知识和经验，对于二者是否具有影响关系难以判断，则应该采用难以拒绝原假设的方法，也就是说，在定性分析难以判断的情况下，一般都要采取保守的做法。

3.3.2　根据研究目标和变量性质选择方法

按照变量所反映的研究对象的性质划分，可分为目标变量和分组变量（也称影响因素）。如果所分析的两个变量都是目标变量，根据专业知识和经验分不出何者为影响因素（自变量）、何者为被影响因素（因变量），之所以设立两个变量，是因为其具有独立意义。在这种情况下，宁可犯第二类错误，即事实上二者有关但判定其无关，也不能轻易承认二者有关，一旦承认，其结论的可靠性就要足够高，所以应采用难以拒绝原假设的检验方法，一旦相伴概率大于 0.05，则认为两个变量没有关联，不再继续进行深入分析。在一些高可靠性要求、不轻易承认二者之差的场合，一般都采用保守做法。具体采用何种方法，要根据样本量的不同来决定。在样本量足够的情况下，统计学界认为非参数检验具有独特优势，包括：减少模型偏差、稳健性强、不依赖于对数据分布的假定，这都使得在不知道数据分布特征情况下的可靠性更高。韦博成(2011)举了两个例子充分说明这点:一是医学上检验新的化验方法(验泪法)和传统标准方法(验血法)是否等价;二是检验学生在期末考试的及格率与期中考试相比是否显著进步。

如果两个变量之中一个是分组变量,典型的如"人员类型",另一个是目标变量,根据经验和专业知识,认为二者有关联的可能性大,并且已经基本判定了影响与被影响的关系。在这种情况下,第二类错误相比第一类错误(事实上二者无关但判定其有关)对研究目的的风险往往更大,因为根据经验,不同的人员类型对于某事物没有影响是几乎不存在的现象,只是由于样本数据的原因造成差别不足够大,不足以拒绝原假设。所以,应该直接采用比较容易拒绝原假设的方法。现实中常常出现这种矛盾现象,即先采用了列联分析和卡方检验,相伴概率大于 0.05,不能拒绝二者无关的原假设,但是从列联表中直观看出,某些单元格中的比率之差还是相当大的,如果采用两总体比率差异的显著性检验,相伴概率很可能小于 0.05,从而认为不同组别对目标变量具有影响。

3.4 算例分析

3.4.1 两定性变量关系的三层次分析

3.4.1.1 问题与分析步骤

在研究大学生在各个专业中的分布时,经验表明,在大学生报考的专业中,学生对专业具有倾向性,每个专业的学生人数很不均衡,同时,不同来源地学生对所学专业具有影响。某管理学院统计了 4 个专业:信息管理与信息系统、金融学、金融保险、工商管理。将学生分为 4 个来源地:北京城区、北京郊区、京外城区和京外村镇,研究学生的分布情况和不同来源地学生的差异。按照面、线、点三层次分析法,分为三步。

第一步:二维分析。假设均衡分布,利用列联表加卡方检验的形式,从总体上观察这个假设是否为真。这里要注意的是,不论是否接受原假设,都应该继续进行下一步工作。

第二步:一维分析。观察列联表每行数据,即每类群体的数据分布,以学生来源地为分组变量,分别将数据固定在某组上,提出进一步的数据分布假设。如果线分析得出有意义的结论,常常可以不进行点分析。

第三步:交叉点分析。分析不同来源地学生在各个专业上的人数比率差异。

3.4.1.2 二维分析

(1)二维面分析。将变量"生源地"和"专业"进行列联分析,以"生源地"作为行变量,对其在各专业的数据统计百分比如表3-10所示,并做出二维变量的卡方检验,结果见表3-11。

表3-10 生源地和专业的列联表

生源地	统计	信息管理与信息系统	金融学	金融保险	工商管理	合计
北京城区	计数 (比率%)	12 (5.5%)	19 (8.8%)	21 (9.7%)	165 (76.0%)	217 (100.0%)
北京郊区	计数 (比率%)	4 (6.0%)	5 (7.5%)	7 (10.4%)	51 (76.1%)	67 (100.0%)
京外城区	计数 (比率%)	6 (10.9%)	6 (10.9%)	2 (3.6%)	41 (74.5%)	55 (100.0%)
京外村镇	计数 (比率%)	6 (27.3%)	1 (4.5%)	1 (4.5%)	14 (63.6%)	22 (100.0%)
合计	计数 (比率%)	28 (7.5%)	31 (8.6%)	31 (8.3%)	271 (75.6%)	361 (100.0%)

表3-11 生源地和专业的卡方检验

	值	df	渐进 Sig.(双侧)
Pearson 卡方	17.021*	9	0.048
似然比	13.401	9	0.145
线性和线性组合	4.751	1	0.029
有效案例中的 N	361		

* 在 0.05 水平(双侧)上显著相关。

从表3-10中可以看出两个特点:一是所有学生在专业上的分布很不均

衡,工商管理专业的学生比率最高;二是在4个生源地中,"京外村镇"的学生选择工商管理的比率相对低一些,而选择"信息管理与信息系统"专业的比率相对高一些。尽管规律很明显,但是表3-11的卡方检验仅以0.048的渐进显著性勉强拒绝原假设,主要原因是样本量不够。在此情况下,尽管也可以做出拒绝原假设,说明生源地对专业具有影响作用的结论,但是有些勉强。分析报告总要据此论述一下影响的原因、城乡生源特点等,如果仅据此勉强的差异显著性,显然力度不够。当然,也可以选择其他多个独立样本非参数检验方式,但是也常常不拒绝原假设,现以Kruskal-Wallis检验为例,检验结果是以0.365的渐进显著性不拒绝原假设,也就是两变量之间影响不显著,相应参数表略。

如果这两种方法都比较明显地拒绝原假设,可以就此认定两个变量具有影响关系,从而继续论述生源地影响专业选择的原因等。但是如本例这样的结果,显然基础不牢,更不能认为二者无影响关系,毕竟0.048的渐进显著性还是小于0.05。在这种情况下,卡方检验的渐进显著性略微大于0.05也是很可能的,即使这样也不能轻易认为二者无影响关系。这就是数据分析的尴尬境地,解决困境的途径就是进行二维线分析。

(2)二维线分析。进行二维线分析所用方法要与二维面所用方法一致。前面已经说明,Kruskal-Wallis检验与秩和检验(Mann-Whitney U检验)是一致的。此处用秩和检验分别检验各个生源地的学生在专业选择上的数据分布是否具有显著性差异,从而说明生源地对专业选择是否具有显著性影响。秩和检验只能对分为两组的变量进行检验,如果分组变量有两组以上,则进行两两之间组合。本例中,作为分组变量的生源地有4种,将其赋值分别为1,2,3,4,则其组合为(1,2),(1,3),(1,4),(2,3),(2,4),(3,4)六组,分别对这六组进行检验,操作如图3-29所示。

对生源地为"北京城区"和"北京郊区"这两个组别的检验结果如表3-11和表3-12所示。表3-12为计算出的秩数据,表3-13为秩检验统计量,渐近显著性为0.978,说明两个生源地的学生在各个专业上的人数分布极其接近。用此方法对其他组合进行检验,将结果列在表3-14中。

3 单选题设计与数据分析

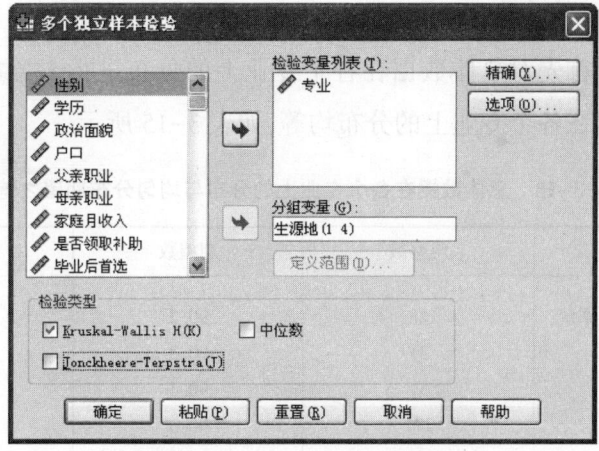

图 3-29 秩和检验操作主要界面

表 3-12 两个生源地学生在各专业上数据分布的秩数据

生源地	N	秩均值	秩和
北京城区	217	142.44	30 910.50
北京郊区	67	142.68	9 559.50
总数	284		

表 3-13 秩检验统计量

统计量名称	数值
Mann-Whitney U	7 257.500
Wilcoxon W	30 910.500
Z	−0.027
渐近显著性(双侧)	0.978

表 3-14 不同生源地学生在各个专业上数据分布差异的秩和检验结果

	北京市区	京郊区县	京外城区	京外村镇
北京城区	—	0.978,不显著	0.600,不显著	0.085,一般显著
北京郊区		—	0.658,不显著	0.127,不显著
京外城区			—	0.244,不显著
京外村镇				—

3.4.1.3 一维分析

一维分析首先对总体数据在各个专业上的分布进行卡方检验,默认情况下假设数据在各个专业上的分布均等,如表3-15所示。

表3-15 总体数据在各个专业上的分布与均匀分布期望之差

专业	观察数	期望数	残差
信息管理与信息系统	28	90.3	-62.3
金融学	31	90.3	-59.3
金融保险	31	90.3	-59.3
工商管理	271	90.3	180.8
总数	361		

表3-16 针对表3-15的检验统计量

统计量名称	数值
卡方	482.734*
df	3
渐近显著性	0.000

表3-16是针对表3-15,即总体数据均匀分布假设的卡方检验结果,渐进显著性为0.000,说明实际分布与均匀假设的差异极其显著。鉴于此种情况,应在观察实际数据分布的基础上对数据分布提出一个简洁的假设。所谓简洁的假设,就是突出数据分布主要特征、忽略次要波动的假设。不简洁的假设就是实际数据本身,根据表3-15,实际数据的分布是:28:31:31:271,所显示的最主要特征就是:选工商管理专业的学生数量是选其他专业的约9倍,据此提出原假设,即:H_0:信息管理:金融学:金融保险:工商管理= 1:1:1:9。

软件运行之后得到检验结果如表3-17和表3-18所示。表3-17列出了实际数据分布与期望值之间的差距,表3-18是检验统计量,渐进显著性为0.978,说明数据的实际分布与假设极其接近。

表 3-17　总体数据在各个专业上的分布与假设分布期望之差

专业	观察数	期望数	残差
信息管理与信息系统	28	30.1	-2.1
金融学	31	30.1	0.9
金融保险	31	30.1	0.9
工商管理	271	270.8	0.3
总数	361		

表 3-18　检验统计量

统计量名称	数值
卡方	0.200*
df	3
渐近显著性	0.978

在完成了对总体数据的一维卡方检验之后,将生源地分别固定为"北京城区、北京郊区、京外城区、京外村镇"4个取值,根据生源地和专业的列联表(见表3-10)提出假设进行卡方检验,并将数据汇总在一张表,如表3-19所示。

表 3-19　不同生源地学生在各专业上的分布

	信息管理与信息系统	金融学	金融保险	工商管理	人数	渐进显著性
总体分布	1	1	1	9	361	0.978
北京城区	1	2	2	12	217	0.330
北京郊区	1	1	1	10	67	0.818
京外城区	1	1	1	9	55	0.506
京外村镇	6	1	1	14	22	1.000

在检验各生源地与"京外村镇"的分布显著性时,将分布比例6∶1∶1∶14作为各组假设进行卡方检验,得出的结论是"京外村镇"与其他群体的分布差异显著。同理,进行其他群体两两之间的差异检验,将比例1∶1∶1∶10作为"北京城区"学生的专业分布假设,得到渐进显著性为0.428,接

受原假设,二者差异不显著。结果如表 3-20 所示。

表 3-20　不同生源地学生在各个专业上的人数分布差异检验

	北京城区	北京郊区	京外城区	京外村镇
北京城区	—	不显著(0.428)	不显著(0.458)	显著(0.000)
北京郊区		—	不显著(0.441)	显著(0.000)
京外城区			—	显著(0.010)
京外村镇				—

综合上述分析可以得出以下结论:从总体上看,学生在各个专业上的分布很不均衡,工商管理专业的学生数量是其他专业的 9 倍。学生来源与专业分布具有一定影响,但是主要部分还是不显著。在 4 个学生来源地中,除了"京外村镇"这一来源外,其他 3 个地区的学生分布基本无差异,选择工商管理专业的学生是其他专业的 10 倍,而"京外村镇"学生选择工商管理专业只是信息管理专业的 2.3 倍,说明"京外村镇"学生比其他来源地的学生对"信息管理与信息系统"专业的选择比率高一些。从表 3-10 中看出,"京外村镇"学生选择这一技术性相对较强的专业的比率是 27.3%,明显高于其他来源地学生。

按统计学理论的要求,在采用一维卡方检验建立了各个组别数据分布的模型后,即完成了表 3-19"不同生源地学生在各专业上的分布"之后,不应再采用卡方检验的方法,以通过检验的某组的分布比例作为另一组分布比例的假设来检验两组之间是否具有分布上的显著差异。因为对于一组实际的分布数据来说,可以通过检验的分布假设是不唯一的。所以这种做法不如秩和检验严格,但是对本实例来说,表 3-20 的结果在做定性解释时更有道理,也与列联表的数据分布在直观上更加符合,就是"京外村镇"的学生与其他各组学生具有显著差异,相比较而言更愿意选择技术性较强的专业。如果按照秩和检验的结果,"京外村镇"学生只与"北京城区"学生勉强具有差异,按照这一逻辑,把"京外村镇"学生与"北京郊区"和"京外城区"的学生归为一类,显然也不合理,因为"北京城区"与这两个来源地学生的差异不显著,可以归为一类,而且从列联表中的数据直观上的反映,他们也更像一类,而与"京外村镇"区别较大,这就又出现了尴尬的情况。所以说,在二维线层次分析变量的分布差异时,也要根据分析目标和数据特点选择不同的方法。

3.4.1.4 点分析

仅就前述案例来说,前面分析的程度已经够用了,可以得出有意义的结论,没有必要再进行点分析。为了论述的完整,再举一个点分析例子。针对信息管理与信息系统专业,对各个来源地学生的比率分别进行两个独立样本比率差异的显著性检验,得到表3-21所示结果。

表3-21 信息管理与信息系统专业各群体学生比率差异检验

	北京城区	北京郊区	京外城区	京外村镇
北京城区	—	不显著(0.485)	不显著(0.339)	一般显著(0.096)
北京郊区		—	不显著(0.395)	不显著(0.244)
京外城区			—	不显著(0.298)
京外村镇				—

从表3-21中可以看出,只是"京外村镇"学生和"北京城区"学生数据具有一般性差异,也可以说勉强具有差异,即"京外村镇"学生选择该专业的比率(27.3%)与"北京城区"学生选择该专业的比率(5.5%)勉强具有差异,而与其他数据差异不显著。但是直观上的差距还是比较大,同时,前面的卡方检验也已说明,"京外村镇"学生的数据分布与其他来源地学生的分布差异明显。造成这种情况的原因主要是样本量不够,而不是参数检验更加严格。如果样本量足够,在数据分布呈现或接近正态分布的情况下,参数检验相对来说比非参数检验更容易拒绝二者无差异的原假设。

3.4.2 两目标变量的相关分析

本节数据来自郝旭光主持、张士玉参与的国家社会科学基金项目"中国资本市场监管有效性研究——基于博弈论的视角"(05BJL028),选取中国证券监督管理委员会(以下简称证监会)及其位于北京的派出机构为实验样本,共获得259份有效问卷。4个变量分别是:人员类别、自我服务偏见、后视偏见和推卸责任。其中,人员类别取值为:1,2,3;其他三个变量都是二值变量:1为存在,2为不存在。分析目的有二:一是分析"自我服务偏见""后视偏见""推卸责任"三个变量之间的关系;二是分析这三个变量与人员类别的关系。显然,"自我服务偏见""后视偏见""推卸责任"这三个变量都是研究目标所在,故属于目标变量,同时出于经验和研究目的的需要,不轻易承认这三个变量是有关的,之所以设立这三个变量,是因为各自具有独立意义,如果一旦证明具有相关性,就应该用比较严格的方法,以增强说服力。所以采用列联分析和Kendall的tau_b相关系数检验。表3-22为列联表之一,表3-23为相关系数和显著性检验的相伴概率。

表3-22 自我服务偏见和后视偏见列联表

		后视偏见		总计
		存在(1)	不存在(2)	
自我服务偏见	存在(1)	100	34	134
	不存在(2)	22	103	125
	总计	122	137	259

表3-23 汇总后的相关系数与相伴概率

	A与B之间的关联	A与C之间的关联	B与C之间的关联
相关系数	0.571	0.442	0.145
相伴概率	0.000	0.000	0.020

注:A为自我服务偏见;B为后视偏见;C为推卸责任效应。

由表3-23可以看出,尽管样本相关系数有的中等,有的较弱,但是由于相伴概率很低,都可以代表总体相关系数。由于这个方法比较严格,所以可靠性高,同时又给出了相关程度,可以比较好地满足研究需要。

3.4.3 分组变量和目标变量直接进行点分析

分组变量和目标变量的关联分析也是影响因素和被影响因素之间的关联分析。人员类型属于分组变量，经验表明，不同人员往往具有不同倾向，这从表3-24"人员类型和推卸责任列联表"中也可看出。在各个单元格中的频数不算很少的情况下，非参数检验对拒绝原假设过于严格，故采用参数检验中两个独立样本比率之差检验的方法。如果用卡方检验，则相伴概率为0.063，按照显著水平取0.05的惯例，做出接受原假设的决策，认为人员类型与推卸责任没有依赖关系，即各类人表现得都差不多。

表3-24 人员类型和推卸责任列联表

人员类型		推卸责任		合计
		存在	不存在	
一类人	计数	62	24	86
	比率%	72.1%	27.9%	100.0%
二类人	计数	75	12	87
	比率%	86.2%	13.8%	100.0%
三类人	计数	70	16	86
	比率%	81.4%	18.6%	100.0%
合计	计数	207	52	259
	比率%	79.9%	20.1%	100.0%

如果采用参数统计检验方法，则会得出完全不同的结果。三类人在"推卸责任"变量下取值"存在"的比率之差，也就是比较3个比率[71.2%(n_1=62)，86.2%(n_2=75)和81.4%(n_3=70)]两两之间的差异是否显著，进而求出Z值，再根据Z值求出相伴概率，结果如表3-25所示。相伴概率为0.031，拒绝原假设，说明一类人与二类人在推卸责任方面差异显著，而一类人和三类人、二类人和三类人差异不显著。这与卡方检验得出二者没有依赖关系的结论显然不符合。

表 3–25　三类人在"推卸责任"为"存在"比率之差的相伴概率

	一类人	二类人	三类人
一类人	—	0.031 显著	0.168 不显著
二类人		—	0.430 不显著
三类人			—

3.5　两定性变量数据分布的回归描述

3.5.1　方法介绍

3.5.1.1　基本规定

对于两个测量项目,如果存在比较明显的一个项目影响另一个项目的关系,则可以通过对变量数据的分布进行回归描述的方式,从整体上研究这种关系。将其中的分组项目或解释项目直接作为自变量 X_j,一般为定序变量,自变量取值 $j(j=1,2,\cdots,k)$;将被解释项目的每个取值作为因变量 $Y_i(i=1,2,\cdots,m)$,以百分比数据作为二者的交叉数据,在因变量取值 i 时,自变量取各个 j 值的比率(%),即 Y_iX_j,由此,两个选项变量构成了二维数据分布。

在 Y_i 与 X_j 的数据分布具有显著性差异的情况下,认为因变量 Y_i 受自变量 X_j 的影响,其变化可以通过函数关系 $Y_i=F(X_j)$ 来描述和解释。本方法即利用一元回归方法求解方程 $Y_i=F(X_j)$,在存在多个拟合方程的情况下,选择拟合方程的原则有两个:

(1)选择拟合系数 R^2 较大者。在比较多个拟合方程的情况下,选择 R^2 较大者,但是不一定是最大者。

(2)选择关系明确者。选择题的测量变量其本身属于定性变量,在某些场合作为定量变量处理,其目的是更合理地、明确地对事物之间的关系做出解释。在多数情况下,线性关系是比较明确、简单和容易解释的变量之间关系。如果线性方程的拟合程度很好,只是比其他非线性方程的拟合程度略低,同时从专业上又难以对非线性关系做出合理解释,此时优先采用线性方程。

3.5.1.2 本方法的特点

这种方法有其自身的特点和优越性,具体如下:

(1)本方法比较清晰地反映了因变量随自变量变化的整体状况,特别是对于非线性关系,可以通过图形反映这种状况,为根据专业知识进行定性解释创造了空间。这也正是本方法相对于其他回归方法(如 Logistic 回归方法)的优点。

(2)本方法可以定量解释自变量变化后对因变量的影响,特别是对于线性关系,自变量 X 的系数说明了当自变量每变化一个等级后,因变量变化的百分比。采用这种方法,自变量最好是定序变量,因变量可以是定类或定序变量,二者的组合及线性模型的解释框架如表 3-26 所示。

表 3-26 定序自变量与因变量之间线性关系的解释

定序自变量	因变量	解释
群体特征 (学历、年龄、级别等)	群体态度	群体特征的变化等级对某选项认可比率的影响
	群体行为	群体特征的变化等级对某事件参与比率的影响
群体态度 (满意度等)	群体态度	群体态度的变化等级对某选项认可比率的影响
	群体行为	群体态度的变化等级对某事件参与比率的影响

在客户偏好的调查研究中,以此方法研究客户满意度对行为的影响不失为一种有效的方法,既简单又明确。例如,如果客户满意度与购买某商品的行为存在明确的线性关系,则定量说明了满意度每提高一个等级,购买该商品的人数比率的变化程度。如果二者存在非线性关系,则可能从图中明显看出曲线斜率的变化,从而发现满意度在某个等级上的变化是关键。

3.5.1.3 采用本方法的注意事项

采用本方法需要注意以下几点:

(1)本方法仅是一种统计描述。由于自变量的取值仅是有限的离散数据,在计算中需要都被采用,所以方程是自变量总体数据对因变量取值影响的描述,不是推断统计,既不能用于外延预测,也无须进行显著性检验。

(2) 两个变量之间的关系,要在通过非参数统计检验拒绝二者分布差异不显著的原假设之后进行,如果没有拒绝原假设,理论上不可以采用本方法。

(3) 自变量最好是定序变量,因变量可以是定类或定序变量。

(4) 采用这种方式,回归的拟合系数应该足够大,以 R^2 大于 0.8 为好。因为自变量作为定序变量,其取值范围一般不大,为 5 级、7 级或至多 10 多级,只有拟合得足够好,才具有说服力。

3.5.2 操作步骤

前面已经说明,采用这种方法之前,应该先对两个变量进行非参数显著性检验,当拒绝两个变量数据分布差异不显著的原假设后才可进行回归分析。可以进行卡方检验或秩和检验,此处建议进行列联分析及卡方检验。列联表统计了因变量在自变量各个取值上的百分比,然后在统计分析软件上新设几个变量,一个是自变量,其他则是各个因变量,完成变量设置后,采用回归分析中的曲线估计,尝试性地选几个常用模型,如线性模型、二次项模型、对数模型等。

计算运行后,主要的分析结果如表 3-27 所示。从表 3-27 中可以看出,线性方程的 R^2 不是最大,但是其数值达 0.964,也很高了,主要考虑到解释得比较明确,故采用线性方程描述。

表 3-27 一元回归模型结果

方程	模型汇总					参数估计值		
	R^2	F	df_1	df	Sig.	常数	b_1	b_2
线性	0.964	80.074	1	3	0.003	51.060	-4.800	
对数	0.974	112.123	1	3	0.002	48.154	-12.004	
二次	0.978	43.854	2	2	0.022	54.460	-7.714	0.486

说明:自变量是学历;因变量为部门领导强势。

3.5.3 实例

在国家社会科学基金重大课题"中国行政管理体制现状调查与改革研究"(06&ZD021)的调查成果之三"行政管理体制实证研究——问卷调查数据分析"(石亚军,2009)中,较多地采用了这种方法,取得了较好的效果。在此仅以其中一例说明。这是一个多项选择题,测量项目是"政府部门的影响力成因",是一个共有6个选项的多项选择题,每个选项为一个变量,被选择记为"1",否则记为"0",分组变量可以是学历、年龄段、职务等。首先将每个变量分别与分组变量(如"学历")进行秩和检验(Mann-Whitney U 检验)。在拒绝原假设,即学历对该变量有影响的情况下再进行回归分析,否则按理说不应进行回归分析,原项目根据具体情况进行曲线拟合并进行了解释,此处将其略去。本书根据原项目数据进行重新计算,在第[2]和[3]项中的处理与原项目不同,结果如表3-28所示。

表3-28 不同学历公务员对政府部门影响力成因的判断

选项 (变量 Y_i)	不同学历(变量 X)选择各项目的人数比率(%)					回归分析	
	高中及以下 $X=1$	大专 $X=2$	本科 $X=3$	硕士 $X=4$	博士 $X=5$	回归方程	拟合系数 (R^2)
[1]部门领导强势	47.6	40.6	34.6	33.2	27.3	$Y_1=-0.048X+0.5106$	0.9639
[2]在当地经济社会发展中发挥了重大作用	64.6	58.6	57.8	57.8	81.8	差异不显著	—
[3]控制人事、财政、项目等资源	74.4	81.9	84.8	91.4	72.7	主要回归方程拟合性差,本处略去,原项目排除博士后进行线性回归,对博士单独解释	小于0.7
[4]上级领导更重视	58.5	54.3	52.4	45.3	22.7	$Y_4=-0.0806X+0.7082$	0.8046

续表

选项 (变量 Y_i)	不同学历(变量 X)选择各项目的人数比率(%)					回归分析	
	高中及以下 $X=1$	大专 $X=2$	本科 $X=3$	硕士 $X=4$	博士 $X=5$	回归方程	拟合系数 (R^2)
[5]历史传统	24.4	27.9	35.0	35.2	31.8	$Y_5 = -0.014\ 8X^2 + 0.110\ 8X + 0.138\ 8$	0.909 5
[6]其他	0.0	2.4	2.9	3.1	4.5	—	—
总计	100.0	100.0	100.0	100.0	100.0	—	—

表3-28中有两个线性方程,以对第[1]项的解释为例。在对政府部门影响力成因的判断上,对"部门领导强势"成因的判断与学历程度呈负相关,回归公式的拟合系数很高,为0.963 9,说明本公式可以在96.36%的程度上解释变量数据的分布。学历层次越高的公务员对于"部门领导强势"这一成因的认同度越低。学历每提高一个层次,对该项的认同比率大约降低4.8%。

对于曲线方程的解释要比对线性方程的解释复杂一些,在分析时应该画出图来,结合图形解释,例如,第[5]项的回归方程 Y_5 是一个开口向下的凸函数。该项目根据曲线特征对这方面的社会现象进行了很好的解释。

习 题

一、操作题

基于第二章案例中的单选题,完成以下工作:

1. 数据预处理:分列变量、导入到其他分析工具。
2. 描述统计:单选题对应变量的频数分布表、统计图和统计量。
3. 推断统计:采用卡方检验方法分析两变量之间关系是否显著。

二、思考题

1. 请说明单选题的形式及作用。
2. 请说明推断统计的含义及方法。
3. 统计图形有哪些？分别在何种情况下使用？
4. 试述卡方检验的分析思路。

4 多项选择题的数据分析

消费者使用手机品牌情况

为调查手机市场情况,现设计一份调查问卷,问卷内容包括性别、年龄、当前使用手机的品牌、在过去三年内曾经使用过的手机品牌等,随机对30名路人进行测试,如何分析消费者性别是否对其过去三年内曾使用过的手机品牌有显著影响?

我们可以利用消费者过去三年曾使用过的手机品牌这些数据进行多重响应分析。其中,品牌1为三星,品牌2为摩托罗拉,品牌3为诺基亚,品牌4为LG,品牌5为苹果,品牌6为创维和其他品牌,使用二分编码定义7个变量,变量名分别为 sumsung、MOTO、NOKIA、LG、Apple、Skyworth、other,值标签分别定义为0="未选",1="选中"。定义了性别变量,值标签分别定义为0="女",1="男"。部分数据如图4-1所示。

性别	年龄	品牌	使用过的手机	sumsung	MOTO	NOKIA	LG	Apple	skyworth	other	性别变量
男	36	三星	24	1	0	0	0	0	0	0	1
女	33	摩托罗拉	54	0	1	0	0	0	0	0	0
男	23	诺基亚	21	0	0	1	0	0	0	0	1
女	28	LG	16	0	0	0	1	0	0	0	0
女	21	摩托罗拉	31	0	1	0	0	0	0	0	0
男	22	TCL	21	0	0	0	0	0	0	1	1
男	17	LG	23	0	0	0	1	0	0	0	1

图 4-1 数据视图

接下来,可通过SPSS相应的操作得到手机品牌的频数分布表,并推断分析性别对品牌是否有显著影响?

基于人们对某些事物的态度或行为选择的多样性,在调查中为了正确反映这类客观事实,必须设置相应的多项选择题。针对某一问题,出现若干选项同时被选择的情况,既说明各个选项之间具有相对独立性,也说明各个选项之间具有某种关系。所以,对多选题分析的重点应是各个选项之间的关系,单独统计各个选项的频数和频率只是最基础的第一步。本章除了采用非参数统计方法外,还引入了关联规则方法,以分析多个选项变量之间的关系。

4.1 问题的提出

由于人们对某些事物的态度或行为选择的多样性是一种常见的客观现象,研究者据此设计的问卷中常用多项选择题。但是在现实的数据分析中往往存在两个问题。

4.1.1 对于多选题的分析不够深入

许多针对多项选择题的数据分析缺少对选项之间关系的分析,仅止于对各个选项频数或频率的统计,这个问题将在本章4.2中加以分析。当个体人或具有某特征的群体人面对某一事物的非互斥多种选择时,在形式上可能同时进行了多种选择,但是作为具有核心思想的人,这些选择往往不是孤立的,而是具有内在联系的。仅从选项本身来看,可能其独立性较大,但是如果将其放到社会人的环境下考察,往往它们之间的联系又具有合理逻辑。例如:在多种理财方式中,"国债"和"股票"这两种方式看似两个独立性很强的项目,但是为什么许多人同时选择这两个项目?显然是出于投资组合考虑,也就是支配这两种选择是出于一套核心思想考虑。由此说明,由于这两个项目转化的变量具有联系,所以对于多项选择题的数据分析应该重在各选项之间关系的分析。

4.1.2 问卷设计回避多选题

实践中常见的有部分问卷把一个事实上的多项选择现象以"最"这个字变为单项选择题,如"最喜欢的方式""最常采用的方式"等。这样做有其局限性,原因如下:第一,对一些事物的多项选择是人类社会客观存在的现象,面对客观存在应该给予尽可能多的尊重,而不应该生硬地改变其方式。数据分析的目的是考查研究对象的总体特征和规律,面对多项选择题,被调查者个体是否具有"最喜欢"或"最不喜欢"的选项是一个未知问题,但是作为样本总体,总会有频数最高的选项,由此得出的群体人"最喜欢"或"最不喜欢"的选项更为自然和客观。第二,从问卷调查的实践来看,硬要把一项事实上为多项选择的问题变为单项选择题,会让被调查者感到别扭。因为这种做法具有阻碍被调查者顺畅表达思想的作用,不能排除这种阻碍对按照要求填写问卷的被调查者同样具有作用。所以,事实上的多项选择题应尽量设计成多项选择题,不要以"最"这个字将其转化为单项选择题,当然,特殊需要除外。

4.2 多选题的频数统计

尽管本节问题比较简单,但是为了论述的完整性,而且许多有关 SPSS 的书籍没有详细讲解这个问题,所以仍在此讲述。

4.2.1 多选题各个选项的频数统计

对于多项选择题,在录入时每个选项作为一个变量,变量的取值以数字形式表示,具有两种方式,一是变量为{0,1}变量,在定义多重响应集(Multiple Response)时采用二分法(Dichotomies Method);二是多项分类法(Category Method),以选项序号为变量值,没有被选择的项目为"空"。这两种方法各有优缺点和适用场合,可以先采用多项分类法录入,根据需要再转化为{0,1}变量,反之亦可。例如,对于下面的问题,您喜欢的金融理财方式是:①银行存款,②国债,③股票,④基金,⑤投资型保险,⑥黄金,

⑦期货,⑧外汇买卖,⑨代理理财产品,⑩其他。

首先,定义多重响应集,取其名称为"理财方式",如图4-2所示。

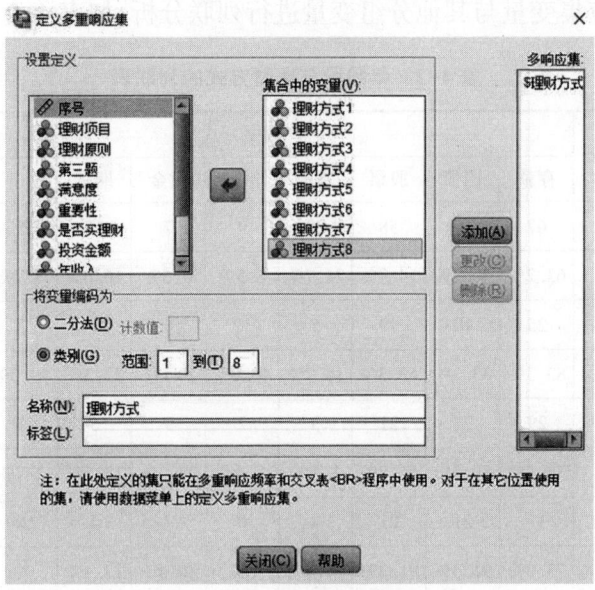

图4-2 定义多重响应集

其次,将这个多重响应集作为一个变量进行频数统计,如表4-1所示。

表4-1 各类理财方式数据统计

理财方式	响应		占人数比率
	选项数(N)	比率	
存款	138	26.6%	70.4%
国债	102	19.7%	52.0%
股票	119	23.0%	60.7%
基金	35	6.8%	17.9%
投资型保险	23	4.4%	11.7%
黄金	29	5.6%	14.8%
期货	33	6.4%	16.8%
外汇	9	1.7%	4.6%
代理理财	30	5.8%	15.3%
合计	518	100.0%	264.3%

4.2.2 多选题与其他指标的交叉列表统计

多重响应集变量与其他分组变量进行列联分析,如表4-2所示。

表4-2 年龄段与理财方式的列联表

年龄	统计指标	理财方式									合计
		存款	国债	股票	基金	保险	黄金	期货	外汇	代理	
青年	人数	67	49	58	23	9	7	17	5	10	106
	行比率	63.2%	46.2%	54.7%	21.7%	8.5%	6.6%	16.0%	4.7%	9.4%	—
中青年	人数	25	10	19	5	12	6	7	3	6	30
	行比率	83.3%	33.3%	63.3%	16.7%	40.0%	20.0%	23.3%	10.0%	20.0%	—
中年	人数	29	22	21	3	2	9	5	1	10	37
	行比率	78.4%	59.5%	56.8%	8.1%	5.4%	24.3%	13.5%	2.7%	27.0%	—
老年	人数	17	21	21	4	0	7	4	0	4	23
	行比率	73.9%	91.3%	91.3%	17.4%	0%	30.4%	17.4%	0%	17.4%	—
合计	人数	138	102	119	35	23	29	33	9	30	196

4.3 多选题选项分布差异的显著性检验

分析多项选择题各个选项变量的分布是否具有显著性差异,应该采用非参数统计的配对(相关)样本的显著性检验,包括两个配对样本检验和k个配对样本检验。

4.3.1 数据预处理

如前所述,多项选择题在录入时必须以一个选项作为一个变量,而数值编码有两种方式,一是变量为{0,1}变量,二是以选项的排序号作为变量值。在定义多重响应集进行频数统计时,建议采用第二种方法。因为多项选择题的选项变量是以选项排序号作为变量值,如果要对其进行数据分布的显著性检验,则必须再将其转化为{0,1}变量。

4.3.2 选项变量两两之间的显著性检验

由于多项选择题允许同一被调查者可以选择多个选项,对于若干选项变量来说,不论是否同时被选择,都是受同一调查对象支配,所以具有一定的相关性。在检验各个选项之间的差异显著性时,应该采用配对样本非参数检验。原假设为总体数据分布差异不显著,当样本数据的相伴概率小于等于给定的显著性水平(一般为 0.05)时,拒绝原假设。图 4-3 为两个选项变量的显著性检验操作。

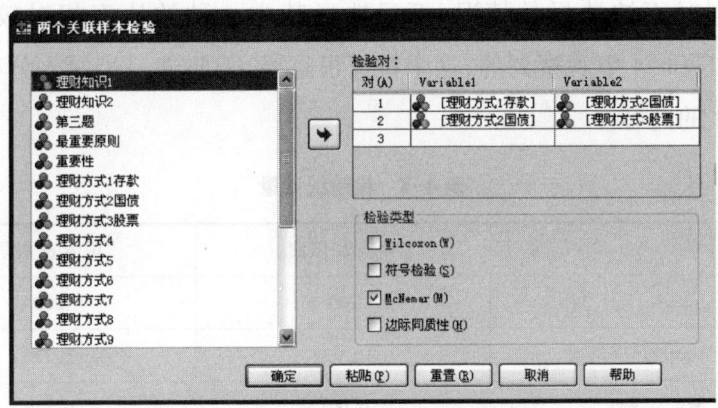

图 4-3 多项选择题选项之间的差异显著性检验

两个配对样本的显著性检验可以采用 4 种方法,即 Wilcoxon 方法、符号检验方法、Mcnemar 方法和边际同质性方法。对于多项选择题变量,建议采用 Mcnemar 方法,这个方法基于二项分布,而且可以做出列联表,结果如表4-3 和表4-4 所示。顺便说明,如果是两个定量变量,比较适合采用 Wilcoxon 方法。

表 4-3 存款和国债列表统计

存款	国债	
	0	国债
0	24	38
存款	74	64

表 4-4 国债和股票列表统计

国债	股票	
	0	股票
0	32	66
国债	49	53

从表 4-5 的检验统计量中可以看出，存款和国债的渐进显著性为 0.001，说明二者数据分布差异显著。而国债和股票的渐进显著性为 0.136，说明二者数据分布的差异不显著，也就是说，二者存在较多同时被选择或同时不被选择的情况，而只选择其中一种的比率相对较低。从表 4-3 和表 4-4 中观察到的，这个特征很重要，需要进一步深入分析，详见本章 4.4 的内容。

表 4-5 检验统计量

	存款 & 国债	国债 & 股票
N	200	200
卡方[a]	10.938	2.226
渐近显著性	0.001	0.136

4.3.3 多选项变量之间的显著性检验

对于转化为 $\{0,1\}$ 变量的多项选择题，在采用多个配对样本进行显著性检验时，应该采用 Cochran Q 方法检验，对本问题的检验示例如表 4-6 和表 4-7 所示。

表 4-6 各种理财方式的数据分布

理财方式	值	
	0	1
理财方式 1 存款	62	138
理财方式 2 国债	98	102

续表

理财方式	值	
	0	1
理财方式 3 股票	81	119
理财方式 4	165	35
理财方式 5	177	23
理财方式 6	158	42
理财方式 7	177	23
理财方式 8	194	6
理财方式 9	170	30

表 4-7　各种理财方式的检验统计量

N	200
Cochran Q	447.989[a]
df	8
渐近显著性	0.000

表 4-7 中的渐进显著性系数为 0,说明在各种理财方式中,存在极其显著的差异,但是具体的数据对是否差异显著则看不出,还要通过两个配对样本的检验。实际上,本方法在许多实际的数据分析场合作用不大,当对数据进行两两组合,采用配对样本的显著性检验,发现了某对数据接受原假设、分布差异不显著时,则应进入本章 4.4 的分析。

4.4　分组变量与选项的影响分析

当发现某两个选项变量没有显著性差异时,说明这两个选项同时被选择或同时不被选择的比率较高,则应对其做进一步分析。首先将两个选项变量合并为一个变量。

构造一个新变量,名称为"国债与股票",计算公式为:

国债与股票=国债+股票

该变量具有四个取值:都不买、只买国债、只买股票、同时买国债和股票。将其与年龄分段进行列联分析和卡方检验,如表 4-8 和表 4-9 所示。

表 4-8　年龄和国债与股票投资的数据统计

年龄	统计	国债与股票				合计
		都不买	只买国债	只买股票	买国债和股票	
青年	计数 年龄分段中的%	16 14.7%	35 32.1%	44 40.4%	14 12.8%	109 100.0%
中青年	计数 年龄分段中的%	6 20.0%	5 16.7%	14 46.7%	5 16.7%	30 100.0%
中年	计数 年龄分段中的%	10 26.3%	7 18.4%	6 15.8%	15 39.5%	38 100.0%
老年	计数 年龄分段中的%	0 0%	2 8.7%	2 8.7%	19 82.6%	23 100.0%
合计	计数 年龄分段中的%	32 16.0%	49 24.5%	66 33.0%	53 26.5%	200 100.0%

从表 4-8 中可以明显看出,青年人在国债和股票这两项投资方式中比较倾向于只选择其中一项,中老年人则表现出两项同时都选的倾向。表 4-9 的卡方检验说明这种差异极其显著。

表 4-9　年龄与国债和股票的卡方检验

	值	df	渐进 Sig.（双侧）
Pearson 卡方	62.393[a]	9	0.000
似然比	60.315	9	0.000
线性和线性组合	20.654	1	0.000
有效案例中的 N	200		

读者此时可能已经感觉到多项选择题分析的初步魅力。在上述案例中,为何年轻人在国债和股票这两项投资方式的选择行为与中老年人不同?可以从心理学、金融学、社会学和收入水平等方面进行论述。顺便说明一下,上述数据结果仅是作为分析方法的示例,不可以作为实际社会群体的投资特征。

4.5 基于关联规则的多项选择题分析

为了在调查问卷的数据分析中揭示隐藏在数据背后更本质的特点和深层规律,可引入数据挖掘中关联规则分析的思想和计算方法,针对问卷调查中的多项选择题,解决同时频繁出现的若干选项,即频繁集的分析问题。由于问卷调查是基于抽样调查,所以需要解决以样本频繁集估计总体频繁集的问题,因此本节提出了总体参数假设值的选取方法。

4.5.1 对事物内在关联的探讨

一个问题之所以成为多项选择题,不仅是面对一种问题具有多个选择,同时多个选择之间往往具有内在关联。但是目前所用的方法不能直接研究各个选项的关联问题,而该关联正是多项选择题所反映的本质问题。例如:b 和 d 同时出现的概率可能较高,如果通过显著性检验说明是必然现象而非偶然现象,则可以进一步推论其背后的行为动机和心理因素。对于"您喜欢的金融理财方式"一题,可能说明许多居民知道股票投资的风险,所以将一部分资金买入风险较低的国债,而另一部分资金用于股票投资。这一部分人倾向于在既定的安全保障下自己亲自从事高风险投资,而不是倾向于委托理财和购买基金等中间状态的理财方式。

上述问题归结为研究多个数据项或事物属性的关联问题,不仅仅局限于对多项选择题的分析,还可用于分析问卷中其他问题之间的关联。在对记录调查数据的数据表分析中,研究多个数据项或事物属性的关联问题可以抽象为对项集及其频繁程度的研究。此处引入数据挖掘的概念,所谓项集,就是所包含的项目数大于等于 1 的数据项(或事物属性)的集合。显然,对于一个多项选择题来说,其答案选项的可能组合是很多的。事物的许多重要规律就是隐藏在事物不同属性项的内在联系中,表现在问卷上则是在答案选项的联系中,对于这一问题可以从三个层面进行分析,从而揭示事物更深层次的规律。

第一,分析某多项选择题的若干被选答案同时出现的频数和频率。

第二，分析不同类别群体在选择不同答案时的不同倾向，群体的划分可以按照性别、职业、年龄或收入水平等标准。例如：群体 A 可能选择{a,b}的概率很高，群体 B 可能选择{b,c}的概率很高，如果这种差别被证明是系统差别而非偶然误差，则可以据此分析两个群体的本质不同。

第三，将这种分析方法延伸到对问卷中其他问题答案选项的组合分析，而不只是针对多项选择题，其分析的数理原理和方法与上述两个层次是相同的，但是在具体问卷中往往涉及对具体研究内容更为复杂的分析和定性研究，本书不涉及这方面更深入的研究。

上述问题的解决需要首先解决三个层次的问题：一是原理和算法；二是对结果必然性的证明，即显著性检验；三是计算工具。

第一个问题，即基本原理和算法问题实际已经解决，就是数据挖掘理论中的关联规则算法，只要做相应的引用即可。第二个问题需要进一步研究，因为数据挖掘一般采用数据库的大部分数据作为训练样本，由于数据量极大，所以一般不需要检验，而基于抽样原理的问卷调查则需要对样本统计结果进行检验，以证明对总体结论的代表性。第三个问题是计算工具，数据挖掘和统计分析所用工具有所差别，本书利用 SQL Server 2005 和 Excel 同时作为分析工具。

尽管采用统计方法和统计软件也可以研究不同选项之间的关联，但是数据挖掘方法与统计方法相比在某些方面有其优越性。数据挖掘方法的关键作用在于遍历，即由机器自动地将每一种组合都计算一遍，在给定范围内没有遗漏。而利用统计软件进行人工分析，需要人工选择数据组合，所以极可能遗漏某些事物之间的关系。

4.5.2 对多项集频繁性研究的必要性

前述内容从实际的问卷数据分析需要出发，引出了项集的概念，此处进一步论述对多项集研究的理论必要性和现实必要性。

4.5.2.1 有关定义

在对调查问卷的数据进行分析时，总是首先将数据录入一个二维电子表格,如 Excel 或 SPSS 等,以列表示变量,代表事物的属性或问卷的项目,此处一律称为数据项,简称"项";以行作为每份问卷数据的记录,列与行的交叉就是数值,即某份问卷在某项上的取值。本章研究的重点是多项选择题各项之间的关系,因此做如下定义:

(1)项集的定义。项集是指所包含的数据项数量等于或大于1的集合,用{ }表示,例如:2项集{a,b},3项集{b,d,e}等。从组成某项集的项中选取数量少于该项集项目数量的项进行重新组合,形成新的集合,成为该项集的子集。例如:{a}和{b}是{a,b}的子集,{b}、{b,d}、{b,e}等都是{b,d,e}的子集。大于等于2项的项集为多项集。

(2)频繁集的定义。如果某项集出现的频数或频率大于等于某一个规定的数据,则称该项集为频繁集,一般采用频率P作为衡量标准。如果某项集出现的频率为p,则记为:P({项集})=p。例如:某次调查,对于某个多项选择题,在所有的有效问卷中,其中a和b两个选项出现的概率为50%,则记为:P({a,b})=0.5。至于频繁集的频率标准,要依据具体问题和数据特征人为确定。

4.5.2.2 频繁集定理

频繁集定理:频繁集的子集必然是频繁集,反之则不一定。

例如:如果P({b,d,e})≥0.5,则项集{b,d,e}的一切子集都大于等于0.5。

这一定理尽管简单,但是它决定了在问卷调查中研究多项频繁集的理论意义。以往对问卷中多项选择题的分析,仅限于对单项出现频率的统计。根据频繁集定理,某单项集频繁不能得出其父集是否频繁的结论。例如,某多项选择题有5项可选择项:a,b,c,d,e,假如经过统计,a是出现频率最高的项,c的出现频率排第二,则a与c同时出现的频率是否在所有2项集中最高?是否高于a与b同时出现的概率?即P({a,c})是否大于P({a,b})仍然是一个未知问题,况且可能还有3项集出现的频率很高。

4.5.2.3 分析频繁集的现实作用

如果一份问卷具有多项选择题,在数据分析阶段如果不进行频繁集分析，则会遗漏一些重要特征和规律，使数据分析工作止于较为肤浅的层次。下面通过定性方法初步分析产生多项频繁集的原因，从而认识在问卷分析中进行多项频繁集分析的重要性。

(1) 选项的内容本质重合。多项选择题的答案内容本质上重合度较高，容易出现多项频繁集。例如，问题"您在外就餐时比较喜欢如下类型"，答案选项为："a. 麦当劳，b. 肯德基，c. 烧烤，d. 火锅，e. 一般炒菜……"在分析结果中，很可能{a,b}是出现比较频繁的项集，或者对青少年来说，{a,b}可能是频繁集。这种情况属于问卷设计问题。

(2) 具有内在原因的关联。某些事物之间由于某种内在原因而外在表现为互相关联，只有首先发现这种关联，才能够进一步分析其内在原因。例如：经验表明，喜欢音乐的学生一般比较喜欢外语，而数据分析是要在没有这种主观先见的情况下发现或验证这一规律。可以设多项选择题"你喜欢的活动有哪些"，答案选项为："a. 体育，b. 音乐，c. 外语，d. 专业课，e. 数学，f. 文学……"如果经过统计，发现{b,c}为频繁集的话，则佐证了人们的日常经验。

通过发现数据之间的这种关联而寻找事物的深层规律是问卷调查的任务之一，但是在没有引入频繁集分析方法的情况下，一直被人们所忽略。

(3) 选项之间具有增强作用。某些选项事物对于另一些选项事物具有增强作用，例如：数学是工程科学和管理科学的重要工具，研究工程科学或管理科学的学者同时也要学习数学。

(4) 选项具有互补作用。在前述关于投资选择的问题中，买国债和股票投资是两种在收益性、安全性和流动性方面差距很大的不同投资方式，而某些人之所以同时选择这两种方式，就是利用它们的互补性。

(5) 不同类群体的偏好不同。将频繁集的分析与人的属性，如性别、年龄、职业或收入等相结合进行分析，常常会发现不同类别群体的偏好不同。

4.5.3 频繁集的计算与检验

4.5.3.1 关联分析

对于问卷中多项选择题的频繁集计算,可以直接引用数据挖掘中关联分析的计算方法和工具。关联分析旨在发现数据的关联规则,关联规则是指大量数据之间有趣的相关关系。对关联规则的研究最初用于零售商业对客户的货篮分析,通过寻找那些被客户频繁购买的商品来分析商品之间的关系和客户的需求与偏好。以后,此方法逐渐被推广到其他应用领域,本书将关联分析推广到问卷调查领域。关联分析的核心是度量和发现频繁集。

4.5.3.2 频繁集的度量与计算

我国学者武森和高学东(2003)系统地阐述了关联规则的算法和频繁集的度量。对于频繁集的度量,采用 4 个指标,即支持度(support)、可信度(confidence)、期望可信度(expected confidence)和作用度(lift)。微软公司在 SQL Server 2005 中主要采用了 3 个指标,即支持度(support)、可信度(confidence)和重要性(importance),其中,重要性等同于作用度。

(1)支持度(support)。数据挖掘中将每一客户的有关数据,即数据库表某行中有关事物属性的数据称为"事物(transaction)",在问卷调查的数据分析中,每份问卷的相关数据称为个案(case)。

设个案集 D(问卷数据所有行记录的集合)中 $s\%$ 的个案同时支持项集 X 和 Y,$s\%$ 称为关联规则 $X \Rightarrow Y$ 的支持度。支持度描述了 X 和 Y 这两个项集的交集 $X \cap Y$ 在所有个案中出现的概率,记为 $P(X \cap Y)$。例如:某次关于教师倦怠问题的调查,有效问卷 1 000 份,同时选择倦怠原因为"评职称"和"收入低"的问卷 100 份,则该关联规则的支持度为 10%,即项集{评职称,收入低}的频率为 10%。关联规则 $X \Rightarrow Y$ 的支持度定义为:

$$\text{support}(X \Rightarrow Y) = \frac{|\{T | T \in D 且 (X \cap Y) \subseteq T\}|}{|D|} = P(X \cap Y) \quad (4-1)$$

其中"| |"表示集合中的元素个数。

(2)可信度(confidence)。在个案集 D 中,在出现项集 X 的条件下出现

项集 Y 的概率称为关联规则 $X \Rightarrow Y$ 的可信度。在前述例子中,如果选择"评职称"因素的教师中有 70% 的人选择了"收入低",则关联规则(评职称⇒收入低)的可信度就是 70%,也就是在收入低的条件下评职称因素的概率为 70%,表示为:

$$\text{Confidence}(X \Rightarrow Y) = P(Y/X) = \frac{|\{T \mid T \in D \text{ 且 } (X \cap Y) \subseteq T\}|}{|\{T \mid T \in D \text{ 且 } X \subseteq T\}|}$$

$$= \frac{\text{support}(X \cap Y)}{\text{support}(X)} = \frac{P(X \cap Y)}{P(X)} \tag{4-2}$$

计算机客观地统计出了两个选项{评职称,收入低}同时出现的频率,并通过统计检验说明其显著性,即是否具有系统原因,是必然现象还是偶然现象。至于评职称和收入低这两个因素的因果关系只能根据专业内容和定性研究进行判断,况且目前许多因素难以判断因果关系,或者根本就没有明确的因果关系。

(3) 重要性(importance)。重要性分为项集的重要性和规则的重要性两种情况。

项集的重要性说明了二者的互相关联作用,其中的相关因素没有顺序关系。如果 Importance>1,说明二者正相关;如果 Importance<1,则说明二者负相关。对于 2 项集{A,B},其重要性为:

$$\text{Importance}(\{A,B\}) = \frac{P(A \cap B)}{P(A)P(B)} \tag{4-3}$$

如果一个频繁集{A,B}中的两个因素 A 和 B 具有互相强化关系,逻辑上有 3 种可能:第一,A 导致 B,记为 $A \Rightarrow B$;第二,B 导致 A,记为 $B \Rightarrow A$;第三种情况是第一和第二同时存在。尽管在社会科学中多数属于第三种情况,但是仍然有一种情况属于主要方面。在此引入规则概率和规则重要性来进一步分析 A 和 B 之间的关系,其中,$A \Rightarrow B$ 的规则概率就是在 A 条件下出现 B 的概率,$A \Rightarrow B$ 的规则重要性说明了 B 的出现被 A 促进的程度。如果某规则相对于其他规则来说,其概率和重要性都较高,则说明该规则的实际意义较大,但是在实际中,这两个参数往往相矛盾,这就必须依靠定性逻辑进行判断。规则的重要性(importance)用对数的形式计算,如果 Importance=0,表示两个要素之间没有任何关联;如果 Importance>0,表示 A 会提高 B 的概率;如果为负值,则表示 A 会降低 B 的概率。具体计算公式如下:

$$\text{Importance}(\{A \Rightarrow B\}) = \ln\left(\frac{P(B\mid A)}{P(B\mid \text{not } A)}\right)$$

其中,$P(B\mid A)$ 表示 A 条件下 B 的概率,$P(B\mid \text{not }A)$ 表示非 A 条件下 B 的概率。

(4)支持度的检验。问卷数据分析与数据挖掘的主要区别之一,就是问卷数据分析是基于抽样调查,旨在以样本统计量估计总体参数。所以上述计算的指标都是样本统计量,是否可以作为总体参数的代表,需要进行统计检验。而数据挖掘采用数据库中的大量数据(70%以上)作为模型的训练样本,所以不必要进行统计检验,得到模型之后,再用其余少数数据进行模拟预测。

要解决这一问题,必须从两个方面来说明。一是要说明样本支持度是否明显大于某个检验标准。如果回答是肯定的,则可以用该样本支持度估计总体支持度。二是要说明各个样本支持度之间的差异是否显著。根据统计学原理,这两个方面的论证都可归结为对样本比率的假设检验问题。

对于第一个需要说明的问题,设在研究对象构成的总体中,某项集存在总体支持度,对其进行抽样调查,样本容量为 n(有效问卷数),样本支持度为 p,如果样本容量足够大,使得条件:$np \geq 5$ 且 $n(1-p) \geq 5$ 成立,就可以用正态分布近似。数理统计中常将比率检验的假设值记为 π_0,则显著性的临界值公式为:

$$p \geq \pi_0 + Z\sqrt{\frac{\pi_0(1-\pi_0)}{n}} \tag{4-4}$$

式中,Z 值取决于置信度或显著性水平,如果取置信度为95%(显著性水平为0.05),则 $Z=1.645$。问题是这个假设值 π_0 如何选取?笔者认为,应该用两个概率中的大者作为 π_0,一是随机概率,另一个则是平均概率。

随机概率是某项集按照古典概率原则计算的概率。设 k 为所有选项的个数,i 为项集中包含的选项个数,即项集大小,从 k 中选取 i,其组合为:

$$C_k^i = \frac{k!}{i!(k-i)!} \qquad (4-5)$$

用 r 表示某项集的随机概率,则有:

$$r = \frac{1}{C_k^i} \qquad (4-6)$$

平均概率是指某 i 项集在本调查结果中的最大可能数量与其最大理论数量之比。将实际选项人次合计记为 m,则 i 项集的最大可能出现数量为 m/i,在一定样本容量(n)情况下,从 k 项选取 i 项的最大数量为 n 乘以式(4-5),将平均概率记为 a,其计算方法为:

$$a = \frac{m/k}{nC_k^i} \qquad (4-7)$$

对于每一次具体调查中的某 i 项集,其随机概率和平均概率何者较大是不一定的。

第二个需要说明的问题是,所有频繁集两两之间的支持度差异是否显著。例如,某样本频繁集 f 的支持度 53.97%,大于 e 的支持度 51.98%,能否说明总体的项集 f 的支持度也大于 e 的支持度?这个问题要通过这两个样本比率的显著性检验来回答。但是在社会调查统计中,往往不需要这样的检验,此处提出此问题,在需要的时候可以进行检验。

(5)频繁集的计算与检验工具。当某项集的支持度和可信度大于等于人为事先设定的某一概率后,则称其为频繁集。如果不设定最小标准,则数量庞大的项集组合方式导致计算量极其庞大,实践中仅就出现频率大的主要项集进行分析。所以各类计算工具都要求设定最小支持度和最小可信度。用于进行频繁集分析的工具可以是:SPSS Clementine,SQL Server 2005/2008 等,用于显著性检验的工具用 Excel 即可。

4.5.4 实证研究

将本研究结果用于某项关于证券市场监管效率的研究项目,取得了成功结果。该项目的问卷调查中有一道多选题,为:您认为是什么因素导致证监会近年来的多项监管政策无法落实?(可多选)

A. 监管者太自信,B. 监管者太乐观,C. 不清楚被监管者的利益,D. 未预见到被监管者的反应,E. 没有考虑"三公",F. 考虑不全面,措施不配套,G. 政策不稳定,H. 与被监管者沟通不够,I. 政策没权威,J. 没有公信力,K. 常被媒体误读,L. 常被其他参与者误读,M. 政策本身自相矛盾、无法执行,N. 对问题认识不准确,O. 没有前瞻性。

被调查者分为10种类型,如监管者、一般投资者、上市公司等。本处以252份问卷为例,即 $n=252$,在按传统方法统计了各个选项出现的频率之后,将这种分析进一步扩展到多项集,得到结果如表4-10所示。

表4-10 包含多项集的频率统计

项集	频数(次)	支持度(%)
F	136	53.97
e	131	51.98
n	120	47.62
g	99	39.29
o	98	38.89
e,f	89	35.32
n,f	79	31.35
n,e	78	30.95
o,n	75	29.76
m	73	28.97
c	65	25.79
g,f	65	25.79
o,f	65	25.79
d	65	25.79
o,e	63	25.00
g,e	61	24.21
n,e,f	60	23.81

下面进行显著性检验,先分别计算单项集、2 项集和 3 项集的随机概率。本问题共有 15 个选项,$k=15$,单项集的随机概率 $=1/15=0.0667=6.67\%$。2 项集的随机概率计算如下:

$$C_{15}^2 = \frac{15!}{2!(15-2)!} = \frac{15!}{2!\,13!} = \frac{15 \times 14}{2!} = 105$$

$$r(2\text{项集})=1/105=0.0095=0.95\%。$$

同理,得出 3 项集的随机概率 $=0.22\%$。

再计算它们的平均概率。选项数量 $k=15$,共有 $n=252$ 份问卷,$nk=3\,780$,实际调查结果共选择了 1 049 项,单项集的平均被选概率 $=1\,049/3\,780=0.2775=27.75\%$,明显大于其随机概率,所以单项集显著性检验的假设值 $\pi_0=0.2775$。2 项集的平均概率计算如下:

$$nC_k^i = 252 C_{15}^2 = 252 \times 105 = 26\,460$$

实际共选择了 1 049 项,最多的 2 项选择为 $1\,049/2=524.5$,2 项集的平均概率为 $524.5/26\,460=0.019\,8=1.98\%$。同理,3 项集的平均概率为 $0.003\,1=0.31\%$,将其作为显著性检验的假设值。一般取置信度为 95%,单侧检验 $Z_{0.05}=1.645$,代入式(4-4)计算出显著性的临界值。将各个频繁集的支持度与临界值进行比较,如果较小,则说明该频繁集不显著,由此发现表 4-10 中有 3 个项集没有通过检验,得到表 4-11。

表 4-11 对各个频繁集的显著性检验结果

项集	支持度 $p(\%)$	临界值(%)	频繁的显著性
f	53.97	32.42	显著
e	51.98	32.42	显著
n	47.62	32.42	显著
g	39.29	32.42	显著
o	38.89	32.42	显著
e,f	35.32	3.43	显著
n,f	31.35	3.43	显著
n,e	30.95	3.43	显著

续表

项集	支持度 p(%)	临界值(%)	频繁的显著性
o,n	29.76	3.43	显著
m	28.97	32.42	不显著
c	25.79	32.42	不显著
g,f	25.79	3.43	显著
o,f	25.79	3.43	显著
d	25.79	32.42	不显著
o,e	25.00	3.43	显著
g,e	24.21	3.43	显著
n,e,f	23.81	0.89	显著

在表 4-11 中,对于频数差异不显著的 3 项,即 m,c 和 d 项去掉,不做分析,发现频数最多而且与临界值差异显著的只有前 5 项,而且这 5 项因素中的某些项频繁地同时出现,那么,频繁出现的各选项之间必然存在一定的关联作用。因此,有必要通过进一步计算频繁集的重要性、规则的概率和规则的重要性来进一步区分各因素之间的关系。结果发现频繁集的重要性均大于 1,说明频繁集各选项之间具有正向的关联作用,规则的重要性程度均大于 0,说明各选项之间具有相互促进作用,如表 4-12 所示。

表 4-12 频繁集的重要性分析

项集	重要性	规则	规则概率(%)	规则重要性
{N,E,F}	1.78	N,E⇒F	76.9	0.241
		N,F⇒E	75.9	0.363
		E,F⇒N	67.4	0.258
{O,N}	1.61	O⇒N	76.5	0.411
		N⇒O	62.5	0.541
{G,F}	1.22	G⇒F	65.7	0.148
		F⇒G	47.8	0.207

续表

项集	重要性	规则	规则概率(%)	规则重要性
{O,F}	1.23	O⇒F	66.3	0.155
		F⇒O	47.8	0.220
{O,E}	1.24	O⇒E	64.3	0.160
		E⇒O	48.1	0.218
{G,E}	1.19	G⇒E	61.6	0.127
		E⇒G	46.6	0.167
{G,O}	1.35	G⇒O	52.5	0.238
		O⇒G	53.1	0.236

上述表4-11和表4-12对专题研究具有重要作用,为定性分析提供了科学依据,但是定量分析仅仅提供了依据,要得出有价值、有深度的研究结论,需要结合各专业理论进行深入分析。对本问题的进一步分析已不属于定量研究范畴,但是为了对读者有所借鉴,特将其作为本章附录。

4.5.5 对关联规则方法的讨论

在对社会调查的数据分析中,对于多项选择题的统计,传统方法只是统计各个选项被选择的频率,而没有统计若干选项同时出现的频率,这就易使分析工作不够深入,遗漏某些重要数据的特征和规律。在数据挖掘领域中,关联规则分析方法对频繁集的发现可以被应用在问卷数据分析中对于同时出现的若干选项的统计。在引用数据挖掘的规则分析方法时,由于问卷数据分析与数据挖掘不同,需要解决样本统计量的显著性检验问题。本书利用统计学中对总体比率的假设检验方法,提出了在问卷数据分析中对频繁集支持度(出现频率)的检验方法和工具。对于假设值的选取方法,采用 i 项集的随机概率和平均概率二者中的较大者。

此处只是借用规则发现方法中的频繁集的计算,没有涉及对规则的研究,例如:频繁集{A,B}在同样的支持度下,其 A⇒B 或 B⇒A 的可信度是不同的,可以结合规则的重要度,研究是 A 影响 B 为主还是 B 影响 A 为主。但是在社会现象研究中,这往往涉及更为复杂的问题,需要做定性研究而不能完全依赖于算法。

在社会调查数据中,某些数据项同时被选择的频率不但远远高于其随机频率和平均频率,也远远高于其他数据项出现的频率,这其中必然有某种内在原因。对这种内在原因的深入分析往往可以揭示隐藏在数据背后的本质特点和规律。以张士玉相关研究提出的方法在对证券市场监管效果的研究中,结合定性分析和逻辑演绎,建立监管理念导致的因素关联模式、监管政策效果关联模式和监管政策失效原因的关联模式研究方面,取得了显著效果,详见本章附录。

4.5.6 操作方法

数据挖掘的工具有许多,本教材的关联规则操作是用 SQL Server 2005 进行。依次点击: Microsoft SQL Server 2005 → 配置管理 → SQL Server Configuration Manager,开启 SQL Server 2005 有关服务,如图 4-4 所示。

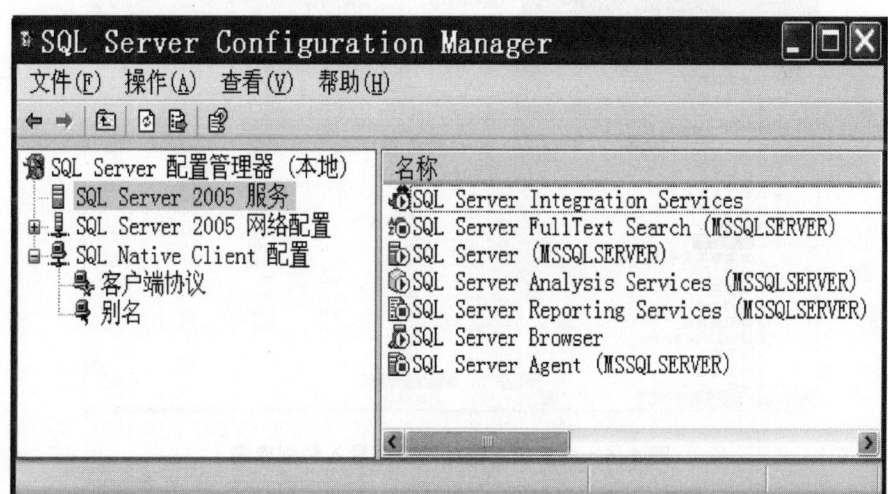

图 4-4 开启服务

开启服务之后建立连接,如图 4-5 所示,然后建立数据库,将数据库或

Excel 等文件中的原有数据导入 SQL Server 2005,将多项选择题形成数据库表,如图 4-6 所示。

图 4-5 建立数据库连接

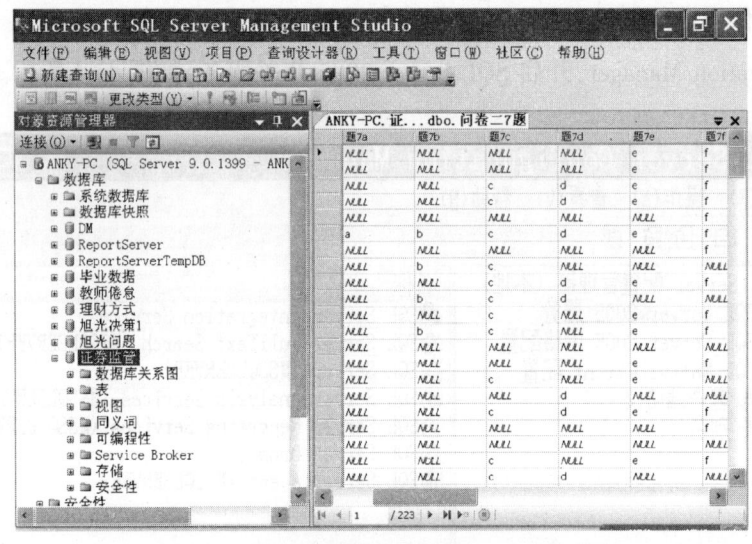

图 4-6 将多项式选择题数据导入数据库表

打开 Microsoft Visual Studio 2005,创建项目,保存在指定文件夹中,如图 4-7所示。然后在该项目下完成建立数据源和数据源视图,如图 4-8 所示。

4 多项选择题的数据分析

图 4-7 建立项目

图 4-8 建立数据源和数据源视图

完成建立数据源和数据源视图之后,选择数据挖掘技术,建立挖掘结构,如图 4-9 所示。

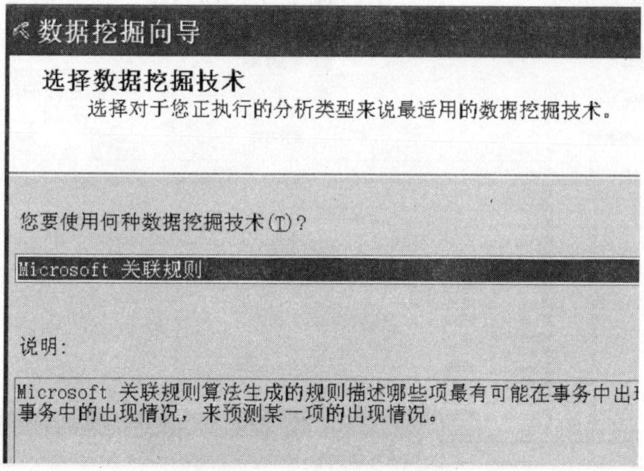

图 4-9 选择数据挖掘技术

在建立挖掘结构时,将序号作为键(key),其余选项变量作为输入和可预测变量,如图 4-10 所示。

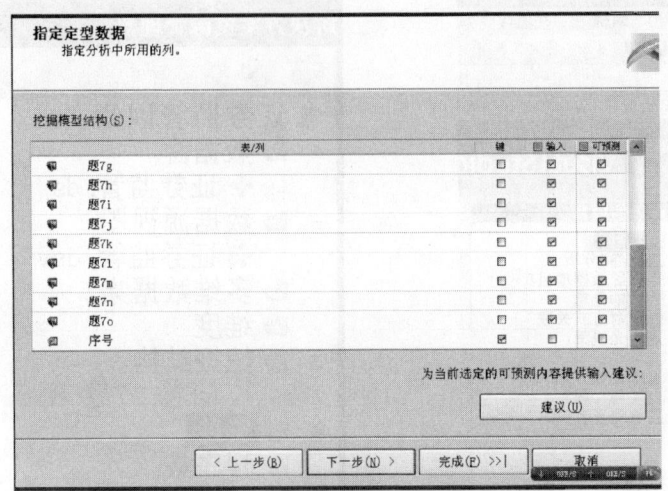

图4-10　建立挖掘结构时指定定型数据

之后运行系统,挖掘结果如图4-11所示。

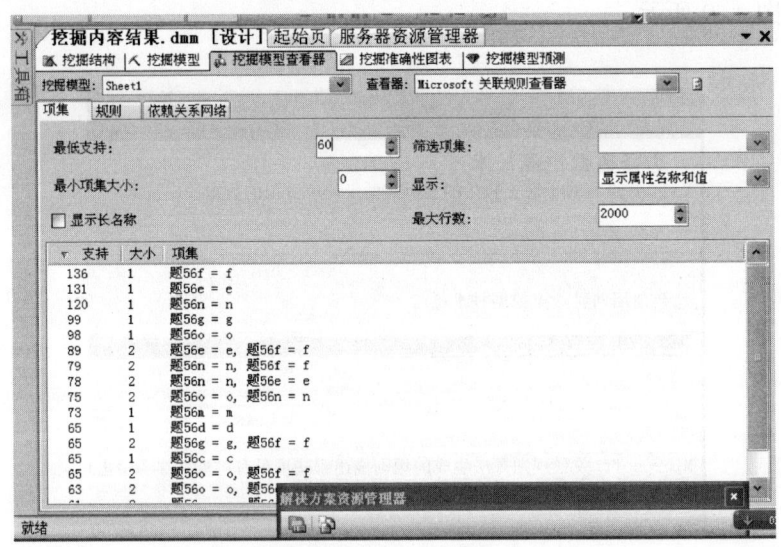

图4-11　运行结果

附录：

前面已经说明,数据分析只是提供了一种客观依据和视角,不能代替专业领域的定性分析,数据分析的目的旨在解决各专业领域的问题,如何在数据分析的客观基础上进一步深入解释和描述事物的本质,为解决现实问题服务,不但涉及更为广泛的领域,而且往往见仁见智、各持己见。下文提供了一个参考案例,主要摘自《管理世界》(2012年7期)中的文章"中国证券市场监管政策效果研究——基于问卷调查的分析"(郝旭光、朱冰、张士玉),此处文字上略做调整。

监管政策失效原因的关系模式

本文试图根据对证券监管政策失效原因的问卷调查和根据关联规则进行的分析结果,即上述表4-11和表4-12中的数据,结合定性分析和逻辑演绎,建立能够从整体上概要描述监管政策失效的模式。

证券监管失效原因模式建立。

一般来说,如果数据分析表明若干变量之间具有相互关系,则由如下3种情况导致：

第一,属于"数据陷阱",即没有任何实际意义的关系。

第二,因果关系,包括互为因果。

第三,相伴关系,即这些相关的变量共同受其他因素的影响。

对我们的调查问卷而言,题目选项本身就具有某种关联,同时被调查者具有比较丰富的相关知识和经验,因此首先排除了"数据陷阱"的可能。但频繁集的关系往往不是单纯的因果关系或相伴关系,可能是介于其间的复杂关系,或者以因果关系为主,或者以相伴关系为主。究竟以何者为主,需要结合定量分析与定性分析做出推断。

一、前三个主要原因的关联模式

从表4-13可以看出,{N,E,F}项集的重要性程度最高,达到了1.78,说明各选项之间必然存在关联关系。N,E⇒F 的规则概率最高,说明该规则发生的必然性最高,即调查者在选择 N 和 E 条件下会有 76.9%选择 F,但是该规则的重要性为 0.241,低于 N,F⇒E 的规则重要性,所以,在这两个最具有实际意义的规则中再进一步判断哪个更有意义,必须依靠定性的逻辑分析。从各项内容上看,N 项"对问题认识不准确"和 E 项"没有考虑'三公'"显然会导致 F 项"考虑不全面,措施不配套"。因此,我们仍认为{N,E,F}以 N,E⇒F 的关系为主,如图 4-12 所示。

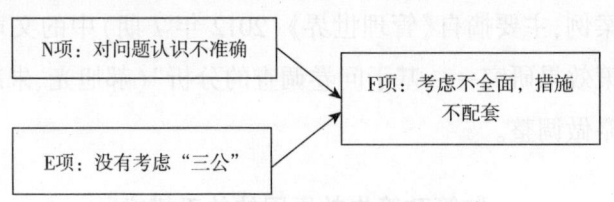

图 4-12　前三个主要原因的关联模式

二、监管理念导致的因素关联模式

从文字含义和逻辑推论上看,监管部门"对问题认识不准确"和"没有考虑'三公'"必然导致其在制定政策时"考虑不全面,措施不配套",而"对问题认识不准确"和"没有考虑'三公'"这两项同属于认识层面的问题,也就是 N 项和 E 项具有相伴关系,所以推断两者受到一个共同的更高层次因素的支配。但是由于这个因素抽象度较高,难以度量,很难通过问卷调查得出,并且这个更高层面的因素要具备两个特征,一是反映了 N 项和 E 项的共同本质,二是可以成为导致这两方面问题的原因。显然,"监管理念问题"符合这两个条件,即监管理念的偏差可以导致"对问题认识不准确"和"考虑不全面",由此得出图 4-13 所示的关联模式。

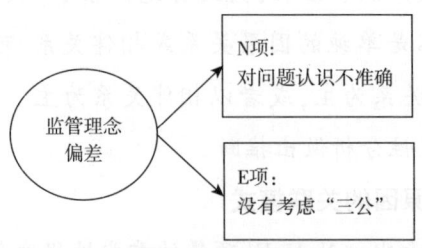

图 4-13　监管理念导致的因素关联模式

三、监管政策效果关联模式

从表 4-13 可以看出,{O,N},{O,F}和{O,E}项集的重要性程度相对较高,分别达 1.61,1.23 和 1.24。从规则的重要性程度来看,N⇒O,F⇒O 和 E⇒O 是相对重要的规则。{G,F}和{G,E}的重要性程度也比较高,为 1.22 和 1.19,且 F⇒G,E⇒G 为相对重要的规则。O⇒G 和 G⇒O 的规则概率和规则重要性程度相当,难以区分两者的相对重要程度,因此推断两者为相伴关系。从选项内容来看,"政策的前瞻性"和"政策的稳定性"都是政策导致的结果,受制于政策制定层面所要考虑的因素,因此定性分析三者关系,即:监管部门在制定政策时"考虑不全面,措施不配套"导致政策的前瞻性和稳定性较差,与定量分析 F⇒O,F⇒G 相一致。与规则重要性的计算结果一致,N 项(对问题认识不准确)和 E 项(没有考虑"三公")也会导致政策的前瞻性和稳定性较差,但监管部门的认识层面需要通过监管政策的制定才能影响监管政策的效果。也就是说,N⇒O 的关系依赖 F 传递,即 N⇒F⇒O。政策的前瞻性较差和稳定性较差又是相伴发生的,与定量分析结果一致,关联模式见图 4-14。

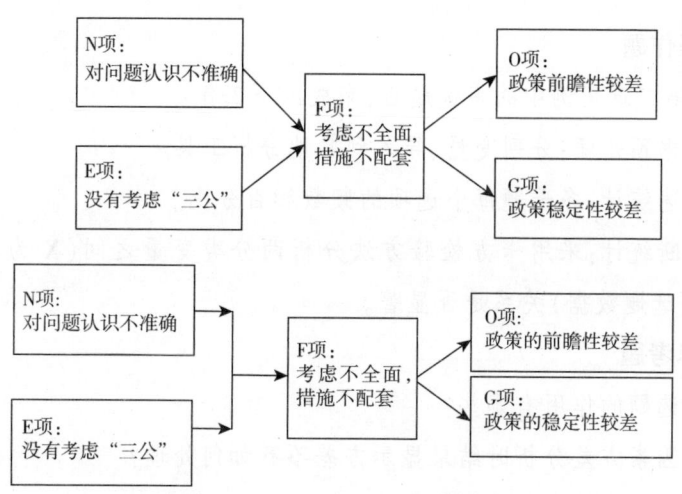

图 4-14 监管政策效果关联模式

四、监管政策失效原因关系模式

综合上述分析以及图 4-12、图 4-13 和图 4-14 模型,可以看出紧密相关的这些要素实际上构成了监管的三个层面的体系:理念—政策—效果。第一层面是理念层面,其两大表象是"对问题认识不准确"和"没有考虑'三公'";由理念层面导致政策制定层面"考虑不全面,措施不配套";最后导致效果层面的典型现象就是"政策的稳定性较差"和"政策的前瞻性差"。由此得出图 4-15"监管无效原因关系模式"。

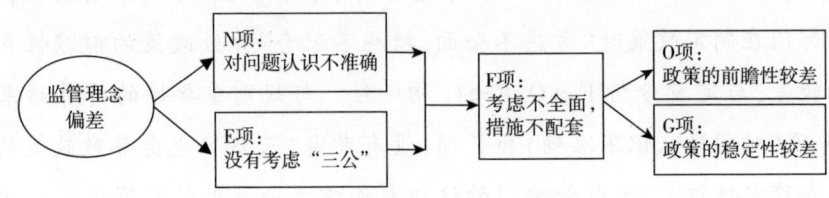

图 4-15　监管失效原因关系模式

习　题

一、操作题

基于第二章案例中的多选题目,完成以下工作:

1. 数据预处理:分列变量、导入到其他分析工具。

2. 描述统计:多选题每个选项的频数和百分比。

3. 推断统计:采用卡方检验方法分析两分类变量之间(X 为单选题数据,Y 为多选题数据)关系是否显著。

二、思考题

1. 多选题的作用有哪些?

2. 单因素方差分析时结果显示方差不齐如何处理?

3. 多选题如何进行卡方分析?

4. 进行回归分析没有通过 F 检验,但回归系数呈现出显著性如何处理?

5. 相关分析结果与线性回归分析结果相矛盾应如何处理?

5 排序题分析

一般多选题和排序题

某调查项目,利用一般多选题和排序题这两种方式研究中小企业日常所接触的机构。

此处同时给出两个题目,其中,A_1是一般多选题,A_2是排序题。通过进行两个题目的对比分析,深入了解排序题的作用。

A_1 最近半年,与贵企业有接触的机构有( )[多选]。

①同业竞争对手,②供应商,③中介机构,④金融机构,⑤大学、科研机构,⑥政府主管部门,⑦工商、税务机构,⑧融资服务机构,⑨行业协会,⑩其他_____

A_2 最近半年,与贵企业接触比较多的机构,请按接触频率从高到低排列( )[前5位依次排序]。

①同业竞争对手,②供应商,③中介机构,④金融机构,⑤大学、科研机构,⑥政府主管部门 ⑦工商、税务机构,⑧融资服务机构,⑨行业协会,⑩其他_____

5.1 排序题的形式与作用

5.1.1 排序题的形式

排序题是一种特殊的多项选择题,与普通多选题所不同的是,排序题要求对所选出的各个选项进行排序。按照排序的类型,可将排序题分为两大类:按重要性排序(非时间排序)和按时间排序。

(1)按重要性排序。重要性排序的各个选项是根据被调查者的重要程度进行排序,没有时间先后的关系,重要性高的选项排在前面。

例如:目前贵企业外部融资的主要渠道有(　　)。(多选请排序)

A. 银行贷款,B. 亲戚朋友借款,C. 内部员工集资,D. 小额贷款公司,E. 担保公司,F. 典当行,G. 私募股权投资(PE),H. 风险投资(VC),I. 发行股票,J. 集合票据、短期融资券,K. 网络借贷,L. 其他_____

(2)按时间排序。按时间排序的各个选项具有先后顺序关系,但是没有时间单位坐标。

例如:您每次打开电视机后,所选的节目类型如下,请按照时间顺序排序,先选的节目排在前位(　　)。

A. 新闻,B. 健康讲座,C. 电视剧,D. 体育,E. 文艺演出,F. 选秀类,G. 电影,H. 证券讲评,I. 天气预报,J. 其他_____

5.1.2 排序题的作用

在第4章已经介绍了多项选择题的作用,排序题既然是多项选择题的一种,当然也具有多项选择题的作用。在此基础上,排序题还具备如下两个作用。

(1)说明各个选项的优先程度。一般来说,排在前位的项目比较优先,即使是重要性排序,说明的也是一种优先性,而不是单纯的重要性。与按照分数评价的重要性不同,优先性具有唯一性,即每个位置上的选项都是唯一的,按照分数评价选项的重要性,同一重要性的选项可以有多项。从这个意义上说,排序题考察的是被调查者的选择,是一种行为,它不同于对重要性的评价,考察的是人的态度。人们在面对多项选择时,所要做出的决策就是选项的优先顺序,所以排序题更适合测量人们的选择行为。

(2)说明某些选项的条件性。在第4章中讨论一般多项选择题时,讨论了多个选项的关联性问题,但是这种关联性一般没有条件性。排序题就不同了,因为排序题测量的是行为,所以较后项的出现可能以较前项为前提条件。例如,当人们为了查看电子邮件而打开电脑上网时,之后往往会再浏览一些其他内容,如新闻、股票等,在此情况下,接收邮件就成了"新闻"和"股票"选项的前提条件,当然,反之也有可能,所以就存在一个条件概率问题,可以用马尔科夫链的转移概率描述这种情况。

5.2 排序题的数据预处理

5.2.1 排序题的数据录入

在录入排序题的数据之前,需要将问题转化为变量,然后直接将各份调查问卷的答案选项录入 Excel 数据表。以本章案例中的题目 A_2 为例,从问题中抽取具有代表意义的文字"企业接触机构"作为变量,录入各个问卷答案。需要注意的是,各选项之间用","或";"间隔,如图 5-1 所示。

5.2.2 分列变量

分列变量的目的是将原始数据按照排序分解为各个独立的变量。利用 Excel 中的分列功能,可以将一个单元格中的内容分割成多个单独的列,操作过程如下:

(1)设置排序变量。可以将原变量名称修改为"频率最高"字样,也可以保留原变量,单独增加排序变量"频率最高",然后复制数据,如图 5-2 所示。

	A
1	企业接触机构
2	6,7,1,2,5
3	7,1
4	7,2,1,6,5
5	2,1,4,5,7
6	2,7,6,5
7	2,4,5,6,7
8	2,7,1,6,9
9	2,9,7,5,6
10	2,6
11	9,5,6
12	2,6
13	2,3,7,6,9
14	6,5,1
15	4,5,9,2

图 5-1 排序题的数据录入

	A	B
1	企业接触机构	频率最高
2	6,7,1,2,5	6,7,1,2,5
3	7,1	7,1
4	7,2,1,6,5	7,2,1,6,5
5	2,1,4,5,7	2,1,4,5,7
6	2,7,6,5	2,7,6,5
7	2,4,5,6,7	2,4,5,6,7
8	2,7,1,6,9	2,7,1,6,9
9	2,9,7,5,6	2,9,7,5,6
10	2,6	2,6
11	9,5,6	9,5,6
12	2,6	2,6
13	2,3,7,6,9	2,3,7,6,9
14	6,5,1	6,5,1
15	4,5,9,2	4,5,9,2

图 5-2 设置排序变量

(2) 完成排序变量设置后,利用分列功能将所选择的变量"频率最高"进行分列,操作过程如下:在 Excel 中先选中变量"频率最高",再单击数据(D)菜单栏中的分列图标,弹出"文本分列向导"对话框,按照向导提示进行分列操作即可。"文本分列向导"共有 3 步,第一步,判定数据具有的分隔符;第二步,设置分列数据所包含的分隔符号(如图 5-3 所示);第三步,设置数据格式。

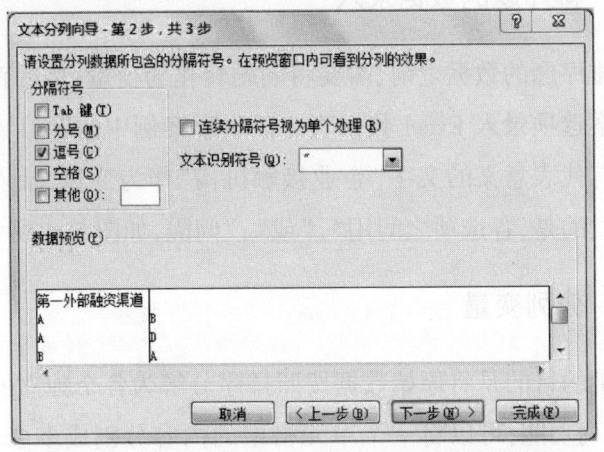

图 5-3　文本分列向导——设置分列数据的分隔符

(3) 分列完成操作后,将其他各个列依次按照"频率第二""频率第三"……顺序设置排序变量,结果如图 5-4 所示。

	A	B	C	D	E	F
1	企业接触机构	频率最高	频率第二	频率第三	频率第四	频率第五
2	6,7,1,2,5	6	7	1	2	5
3	7,1	7	1			
4	7,2,1,6,5	7	2	1	6	5
5	2,1,4,5,7	2	1	4	5	7
6	2,7,6,5	2	7	6	5	
7	2,4,5,6,7	2	4	5	6	7
8	2,7,1,6,9	2	7	1	6	9
9	2,9,7,5,6	2	9	7	5	6
10	2,6	2	6			
11	9,5,6	9	5	6		
12	2,6	2	6			
13	2,3,7,6,9	2	3	7	6	9
14	6,5,1	6	5	1		
15	4,5,9,2	4	5	9	2	

图 5-4　变量分列后结果

完成变量分列后,即可将数据导入 SPSS、SQL Server 等软件中进行数据分析。

5.3 排序题的一般性统计

5.3.1 总体数据统计

将变量分列后的 Excel 文件导入 SPSS 软件中,执行菜单分析(A)→描述统计→频率操作,对排序题目 A_2 的总体情况进行统计,其"频率"对话框的设置如图 5-5 所示,整理后的统计结果如表 5-1 所示。

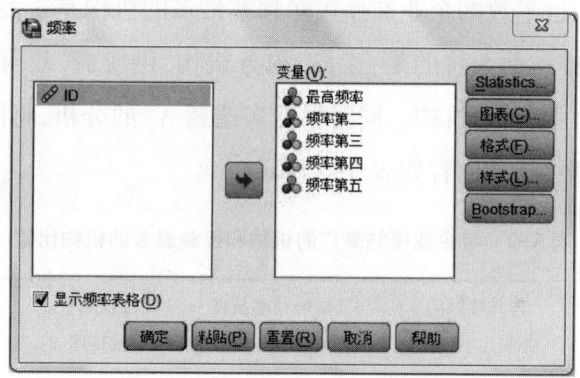

图 5-5 频率统计的设置

表 5-1 半年来与企业接触比较多的机构按接触频率排序

机构类型	频率最高		频率第二		频率第三		频率第四		频率第五	
	企业数	比率(%)	企业数	比率(%)	企业数	比率(%)	企业数	比率(%)	企业数	比率(%)
工商、税务机构	58	29	34	17	31	15.5	10	5	14	7
供应商	57	28.5	33	16.5	19	9.5	6	3.0	3	1.5
政府主管部门	30	15.0	37	18.5	23	11.5	21	10.5	7	3.5
金融机构	22	11.0	29	14.5	20	10.0	15	7.5	4	2.0
大学、科研机构	14	7.0	16	8.0	12	6.0	8	4.0	20	10.0
同业竞争对手	8	4.0	19	9.5	21	10.5	14	7.0	5	4.5

续表

机构类型	频率最高		频率第二		频率第三		频率第四		频率第五	
	企业数	比率(%)	企业数	比率(%)	企业数	比率(%)	企业数	比率(%)	企业数	比率(%)
行业协会	6	3.0	4	2.0	7	3.5	11	5.5	7	3.5
融资服务机构	4	2.0	2	1.0	3	1.5	6	3.0	1	0.5
中介机构	1	0.5	5	2.5	3	1.5	6	3.0	3	1.5
未选择	0	0	21	10.5	61	30.5	102	51.0	132	66
合计	200	100	200	100	200	100	200	100	200	100

统计表明,过半数的企业选择接触频率最多的机构是工商、税务机构和供应商。明显排在前5位的是:工商、税务机构,供应商,政府主管部门,金融机构,以及大学、科研机构。同时根据多选题 A_1 的分析,将两个题目的统计结果进行对照,相关内容如表5-2所示。

表5-2 与企业接触最广的机构和接触最多的机构比较

接触的机构	与其接触的企业比率(%)	与其接触频率最高的企业比率(%)	选择接触的企业数量排序	接触频率最高的企业数量排序
工商、税务机构	93.5	29.0	1	1
供应商	84.5	28.5	2	2
金融机构	83.5	11.0	3	4
同业竞争对手	79.5	4.0	4	6
政府主管部门	77.5	15.0	5	3
大学、科研机构	73.0	7.0	6	5
行业协会	66.5	3.0	7	7
中介机构	48.5	0.5	8	9
融资服务机构	41.0	2.0	9	8

由表5-2可知,与企业接触最广泛的机构和企业选择接触最频繁的机构具有较大差异,即企业所接触机构的广度和深度是不同的。即便是排序一致的工商、税务机构和供应商,差异也较大。高达93%以上(187家)的企

业都选择接触工商、税务机构,但是只有29%的企业(58家)将其作为接触频率最高的机构。

5.3.2 最优先选项与其他变量分析

在统计了排序题各选项的优先程度后,往往将最优先的选项与其他变量结合分析,考察二者的影响关系,具体可以使用卡方检验和方差分析方法,如果采用方差分析方法,可将最优先选项作为影响因子变量。

例如,本章案例中的题目 A_2,将企业所接触机构的"最高频率"作为影响因子变量,与"成立年限"、"人数"和"近三年营业额平均增长率"进行方差分析。操作过程如下:执行菜单分析(A)→比较平均值→单因素 ANOVA 操作,分别进行"最高频率"与"成立年限"、"人数"和"近三年营业额平均增长率"的方差分析,其中"最高频率"与"成立年限"的方差分析设置如图5-6所示。方差检验的显著性概率如表5-3所示,分析发现,与不同机构接触频率最高的企业,其成立年限和人数的差异不显著,而近三年营业额平均增长率的差异比较显著。

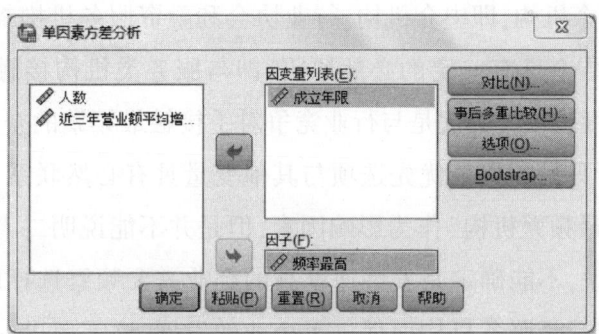

图5-6 单因素方差分析设置

表5-3 与不同机构接触最频繁的企业的平均规模和发展速度

机构类型	频率最高		平均成立年限(年)	平均人数(人)	近三年营业额平均增长率(%)
	企业数	比率(%)			
工商、税务机构	58	29	9.4	273	11.7
供应商	57	28.5	9.4	298	14.2

续表

机构类型	频率最高		平均成立年限（年）	平均人数（人）	近三年营业额平均增长率(%)
	企业数	比率(%)			
政府主管部门	30	15.0	9.2	225	14.5
金融机构	22	11.0	9.3	251	12.3
大学、科研机构	14	7.0	8.2	234	14.8
同业竞争对手	8	4.0	8.9	332	18.1
行业协会	6	3.0	10.0	137	20.4
融资服务机构	4	2.0	8.0	251	19.4
中介机构	1	0.5	10	400	25.0
合计或总平均	200	100	9.3	266	13.9
方差检验的显著性系概率			0.351	0.122	0.053

从表5-3中可知，与工商、税务机构接触最频繁的企业，其营业额增长最低，为11.7%，而与中介机构、行业协会、融资服务机构和同业竞争对手接触最频繁的企业，其营业额增长明显较高，分别为25%、20.4%、19.4%和18.1%。前三个机构，即中介机构、行业协会和融资服务机构都属于服务机构，可见这个结论具有一定的必然原因，即与服务类机构接触最频繁的企业，其发展速度较快。其次是与行业竞争对手接触最频繁的企业。当然，此处的数据分析只是指出最优先选项与其他变量具有必然联系，尽管人为地以"选择接触最频繁机构"作为影响因素，但是并不能说明二者之间的因果关系，也就是说，不能确定是发展速度高的企业需要频繁选择服务机构，还是由于频繁选择了服务机构而促进了企业的发展，这需要进一步进行定性分析。

经验表明，中介机构和行业协会都有帮助企业招揽客户、发展市场的作用，从这一点来说，似乎是服务机构促进了企业发展，当企业处于快速发展时期，需要不断融资，所以会频繁地与融资服务机构接触。这种关系可以解释上述分析结论。频繁与同业竞争对手接触的企业，可能是在某方面加强合作后有利于形成共赢的局面，由于同业企业合作，在某些领域结成联盟，实际上是将部分竞争关系转化为联合垄断的关系，显然有利于企业共同发展(进一步的分析表明，将供应商作为最高接触频率的企业，其接触竞争对手的频率明显较高，可以进一步佐证这点)。

5.4 排序题的模型建立

5.4.1 适合排序题的模型与马尔科夫链

(1)适合排序题的模型。"模型"(Model)一词来源于工程领域，是指对客观实体有关属性的模拟，其关键是对有关属性模拟得要像，如汽车模型、飞机模型等。经过扩展，"模型"这一概念在数学领域被广为引用，所模拟的事物称为对象，包括实体、人物和事物等一切现实问题，所模拟的内容从具象扩展为抽象、从形象扩展为本质，所模拟的工具从物质材料扩展为数学符号、表达式、程序和图形等。数据分析的模型就是利用数学符号、表达式、程序和图形等对所研究对象的本质特征和运动规律进行抽象和简洁的描述。通过模型可以系统展示所研究对象各组成因素的关联、解释现象的原因或预测发展规律。

由于是排序选择题，就有必要同时研究被调查者对待不同选项排序的概率，即当被调查者将甲选项作为排序的前位时，存在一个以某频率选择次选项的问题，这个概率是具有方向性的。这种情况可以使用马尔科夫链描述。从排序第一位变量的某值开始，存在选择第二位变量取值的概率，这个概率称为转移概率。例如，有排序选项 A、B、C、D，首先选择 A 的概率为 $P(A)$，选择 B 的概率为 $P(B)$，在首先选择了 A 的情况下再选择其他各项的概率就是 A 对各项的转移概率。在首先选择了 A 后再选择 B 的转移概率记为 $P(B|A)$，实际上就是认为 B 的发生与 A 有关，或者说 A 的发生影响了 B，但是这种关系还不是明确的因果关系，"转移(Move)"的含义可以理解得广一些，对于重要性排序题，可以理解为分布的概念，即以 A 为最重要的群体，随后以其他各项为次重要项目的概率分布。对于时序性排序题，则属于典型的马尔科夫链。例如，首先看完新闻节目的群体，接下来会继续看电视

剧、演艺类或体育类节目,但各自的概率不同,即群体从状态 A 到状态 B 的转移概率不同,此处将"转移"理解为"分流"也许更合适,但仍然不是因果关系。

(2)马尔科夫链简介。设有排序变量 $X_i(i=1,2,\cdots,n)$,其状态空间为 $S_j(j=1,2,\cdots,m)$,如果 X_{ij} 仅与 $X_{(i-1)j}$ 有关,则构成了一阶马尔科夫链。一般仅用一阶马尔科夫链研究排序题,称概率 $P[X_{ij}|X_{(i-1)j}]$ 为转移概率。例如,有两个排序变量,X_1 为第一位,X_2 为第二位,其取值空间为 $S(A,B,C)$。样本数在两个变量各个取值上的分布如表 5-4 所示。

表 5-4 两级排序变量的取值数据

变量(X_i)	变量值									合计
第一位	A			B			C			1 000
	500			300			200			
第二位	A	B	C	A	B	C	A	B	C	1 000
	350	50	100	30	240	30	10	10	180	

计算上述两级排序变量在各个取值下的转移概率,如表 5-5 所示。

表 5-5 根据表 5-4 计算的转移概率

X_{1j} \ X_{2j}	A	B	C
A = 500	(350/500) = 0.7	(50/500) = 0.1	(100/500) = 0.2
B = 300	(30/300) = 0.1	(240/300) = 0.8	(30/300) = 0.1
C = 200	(10/200) = 0.05	(10/200) = 0.05	(180/200) = 0.9

可以将表 5-5 的关系用图的方式表达,尽管比较直观,但是如果要表达出所有关系,则该图很混乱。所以如果要用图的方式表达,则需要制定一个规则,只选取比较重要的关系。

5.4.2 模型的建立

以本章案例中的题目 A_2 为例进行模型的建立,主要包括两步:获得转移概率和建立模型。

(1)获得转移概率。主要是借助交叉列表得到转移概率。具体操作过程如下:在 SPSS 软件中,执行菜单分析(A)→描述统计→交叉表格操作,分别进行接触频率最高机构和接触频率第二机构的交叉列表分析、接触频率第二机构和接触频率第三机构的交叉列表分析。其中,接触频率最高机构和接触频率第二机构的交叉列表设置如图 5-7 所示,交叉列表结果分别如表 5-6 和表 5-7 所示。

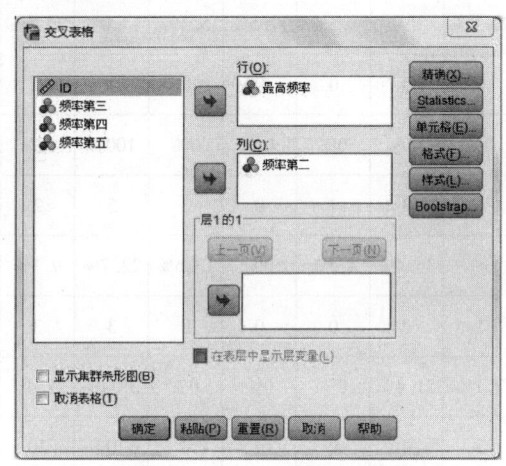

图 5-7 交叉列表分析设置

(2)建立模型。即根据交叉列表中的转移概率建立模型。所谓模型,就是一种比较概括的、抽象的和简要的模拟方式。为了突出主要问题,可以选取主要接触机构作为节点。此处制定的原则是:每层节点的比率≥9.5%,同时对下层节点的转移频率≥20%。两个条件同时满足,即作为节点画出。

由表 5-1 可知每层节点的比率,频率最高层节点比率≥9.5%的有:工商、税务机构(29%),供应商(28.5%),政府主管部门(15%)和金融机构(11%);频率第二层节点比率≥9.5%的有:政府主管部门(18.5%),工商、税务机构(17%),供应商(16.5%),金融机构(14.5%)和同业竞争对手(9.5%);频率第三层节点比率≥9.5%的有:工商、税务机构(15.5%),政府主管部门(11.5%),金融机构(10%),同业竞争对手(10.5%)和供应商(9.5%)。

表 5-6 接触频率最高机构和接触频率第二机构的交叉表

频率最高	统计	频率第二										合计
		缺失	竞争对手	供应商	中介机构	金融机构	大学、科研机构	政府主管部门	工商、税务机构	融资服务机构	行业协会	
同业竞争对手	次数	0	0	4	0	3	1	0	0	0	0	8
	比率	0%	0%	50.0%	0%	37.5%	12.5%	0%	0%	0%	0%	100%
供应商	次数	4	13	0	3	10	3	8	15	0	1	57
	比率	7.0%	22.8%	0%	5.3%	17.5%	5.3%	14.0%	26.3%	0%	1.8%	100%
中介机构	次数	0	0	0	0	0	0	1	0	0	0	1
	比率	0%	0%	0%	0%	0%	0%	100%	0%	0%	0%	100%
金融机构	次数	3	0	8	1	0	3	5	2	0	0	22
	比率	13.6%	0%	36.4%	4.5%	0%	13.6%	22.7%	9.1%	0%	0%	100%
大学、科研机构	次数	3	1	3	0	0	0	3	3	1	0	14
	比率	21.4%	7.1%	21.4%	0%	0%	0%	21.4%	21.4%	7.1%	0%	100%
政府主管部门	次数	6	2	4	0	4	3	0	10	0	1	30
	比率	20.0%	6.7%	13.3%	0%	13.3%	10.0%	0%	33.3%	0%	3.3%	100%
工商、税务机构	次数	5	3	12	1	11	5	18	0	1	2	58
	比率	8.6%	5.2%	20.7%	1.7%	19.0%	8.6%	31.0%	0%	1.7%	3.4%	100%
融资服务机构	次数	0	0	0	0	0	0	1	3	0	0	4
	比率	0%	0%	0%	0%	0%	0%	25.0%	75.0%	0%	0%	100%
行业协会	次数	0	0	2	0	1	1	1	1	0	0	6
	比率	0%	0%	33.3%	0%	16.7%	16.7%	16.7%	16.7%	0%	0%	100%
合计	次数	21	19	33	5	29	16	37	34	2	4	200
	比率	10.5%	9.5%	16.5%	2.5%	14.5%	8.0%	18.5%	17.0%	1.0%	2.0%	100%

表 5-7 接触频率第二机构和接触频率第三机构的交叉表

频率第二	统计	频率第三										合计
		缺失	竞争对手	供应商	中介机构	金融机构	大学、科研机构	政府主管部门	工商、税务机构	融资服务机构	行业协会	
缺失	次数	21	0	0	0	0	0	0	0	0	0	21
	比率	100%	0%	0%	0%	0%	0%	0%	0%	0%	0%	100%
同业竞争对手	次数	3	0	0	1	5	2	2	4	0	2	19
	比率	15.8%	0%	0%	5.3%	26.3%	10.5%	10.5%	21.1%	0%	10.5%	100%
供应商	次数	10	5	0	1	6	2	3	5	0	1	33
	比率	30.3%	15.2%	0%	3.0%	18.2%	6.1%	9.1%	15.2%	0%	3.0%	100%
中介机构	次数	1	0	1	0	1	0	0	1	1	0	5
	比率	20.0%	0%	20.0%	0%	20.0%	0%	0%	20.0%	20.0%	0%	100%
金融机构	次数	5	5	5	0	0	2	6	6	0	0	29
	比率	17.2%	17.2%	17.2%	0%	0%	6.9%	20.7%	20.7%	0%	0%	100%
大学、科研机构	次数	3	2	1	0	2	0	4	2	0	2	16
	比率	18.8%	12.5%	6.3%	0%	12.5%	0%	25.0%	12.5%	0%	12.5%	100%
政府主管部门	次数	9	1	9	0	3	2	0	11	0	2	37
	比率	24.3%	2.7%	24.3%	0%	8.1%	5.4%	0%	29.7%	0%	5.4%	100%
工商、税务机构	次数	8	8	2	1	3	4	7	0	1	0	34
	比率	23.5%	23.5%	5.9%	2.9%	8.8%	11.8%	20.6%	0%	2.9%	0%	100%
融资服务机构	次数	0	0	0	0	0	0	1	1	0	0	2
	比率	0%	0%	0%	0%	0%	0%	50.0%	50.0%	0%	0%	100%
行业协会	次数	1	0	1	0	0	0	0	1	1	0	4
	比率	25.0%	0%	25.0%	0%	0%	0%	0%	25.0%	25.0%	0%	100%
合计	次数	61	21	19	3	20	12	23	31	3	7	200
	比率	30.5%	10.5%	9.5%	1.5%	10.0%	6.0%	11.5%	15.5%	1.5%	3.5%	100%

由表5-6可知,接触频率最高机构和接触频率第二机构的转移概率,例如频率最高层的工商、税务机构与频率第二层中其他4家机构的转移概率≥20%的有:政府主管部门(31%)和供应商(20.7%);频率最高层的金融机构与频率第二层中其他4家机构的转移概率≥20%的有:供应商(36.4%)和政府主管部门(22.7%);频率最高层的政府主管部门与频率第二层中其他4家机构的转移概率≥20%的只有工商、税务机构(33.3%);频率最高层的供应商与频率第二层中其他四家机构的转移概率≥20%的有:工商、税务机构(26.3%)和同业竞争对手(22.8%)。

同理,由表5-7可知接触频率第二的机构和接触频率第三机构的转移概率。据此绘制的企业所接触主要机构频率排序模型如图5-8所示。

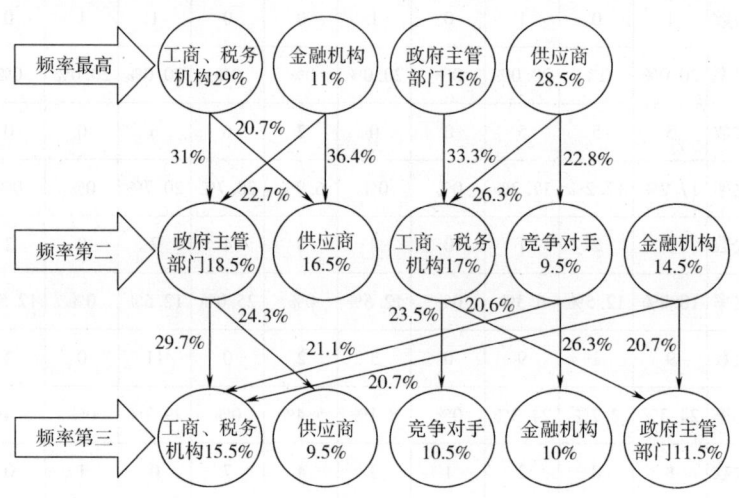

图5-8 企业所接触的主要机构频率排序模型

5.4.3 模型解释

首先需要明确的是,对调查问卷选择题的分析毕竟属于社会科学和管理学范畴,其属性同时具有科学性和艺术性。要以数据分析结果为依据,并结合专业知识和经验给予合理解释,当然,这种解释主要是一种依据统计结果的说理,而非严格的演绎,所以往往因人而异,没有统一标准。也正是由于它具备见仁见智的说理空间,才可以把对问题的研究进一步引向深入,使得研究更具有实用价值。

从图 5-8 中可以看出,工商、税务机构和政府主管部门这两个机构,无论哪项被作为最高频率,另一项都会作为第二接触频率,而且频率都在 30% 左右,相差不大。将工商、税务机构作为接触频率最高机构的企业,会有 31% 的企业首先将政府主管部门作为接触频率第二部门;反之,将政府主管部门作为接触频率最高机构的企业,会有 33% 的企业第二频繁接触工商、税务机构。将供应商作为接触最频繁机构的企业,与其他企业不同,会频繁地接触同行竞争对手,从图 5-8 中的两个分支,即供应商——→竞争对手和供应商——→工商、税务机构——→竞争对手,可以计算这类企业接触同行竞争对手的频率,计算公式如下:

$$P(竞争对手|首先接触供应商) > 0.228 + 0.263 \times 0.235 = 0.29 = 29\%$$

由于这只是主要接触机构,实际的比率要比这个高一些。由此可以得到一个隐藏在数据之中的现象,即首先频繁接触供应商的企业会比其他企业更多地接触同业竞争对手。由于定量分析无法确定因果关系,不能认为是由于频繁接触供应商而导致比较频繁接触竞争对手,其结果完全可能相反,是由于频繁接触同业竞争对手才导致频繁接触供应商。根据经验判断,第二种可能性更大,同业竞争对手的合作方式常常是在采购方面达成合作联盟,一方面可以压低采购价格,同时由于订单数额增大,也导致与供应商接触机会增加。仅根据图 5-8 模型计算,这类企业占企业总数的 8.3%,即 $0.285 \times (0.228 + 0.263 \times 0.235) = 0.083$,实际上要大于这个数据,详细的计算要依据各层次交叉列表。尽管这类企业数量不多,但是所提示的现象值得关注。

5.5 排序题的聚类分析

5.5.1 进行自动序列聚类

仍然以本章案例中的题目 A_2 为例。先将题目 A_2 的选项序号转化为字母,即 A——同业竞争对手,B——供应商,C——中介机构,D——金融机构,E——大学、科研机构,F——政府主管部门,G——工商、税务机构,H——融资服务机构,I——行业协会,J——其他。

采用序列聚类方法对样本数据进行分类。序列聚类是微软公司特有的一种数据挖掘模型,专门用于对排序型的离散变量数据进行聚类分析。该算法以马尔科夫链为基础,根据样本数据在选择各个项目的相似性上进行归类。此处以 Microsoft SQL Server Analysis Services 为工具,用前三个变量进行聚类分析,即"频率最高"、"频率第二"和"频率第三"。

(1)新建挖掘结构和挖掘模型。数据挖掘结构是挖掘模型的容器,挖掘结构定义了挖掘模型要用到哪些数据列,一个挖掘结构可以包含多个挖掘模型。

在 SQL Server 资源管理器的 SQL Server Data Tools(SSDT)中,右键单击挖掘结构,然后选择"新建挖掘结构",启动 Microsoft SQL Server Analysis Services 中的"数据挖掘向导",如图 5-9 所示。按照向导提示选择数据源并设置可定义要用于分析的数据的数据源视图,以便创建初始模型,还可选将数据划分为定型集和测试集,并启用钻取等功能。

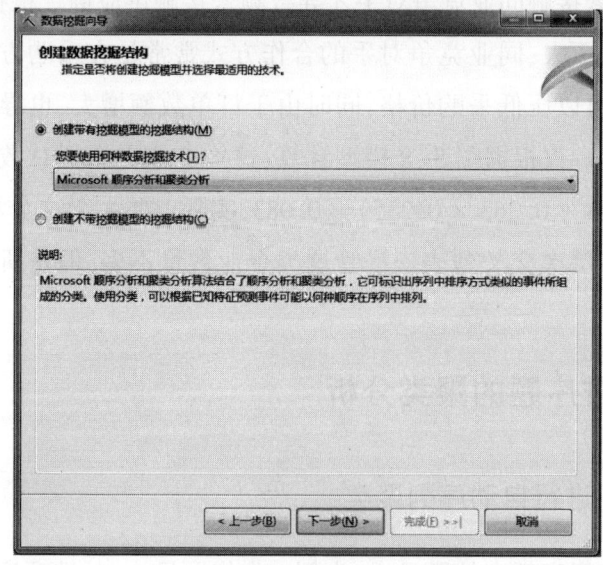

图 5-9 "数据挖掘向导"对话框

5 排序题分析

创建新的挖掘结构后,需要部署对数据挖掘所做的更改,然后再处理结构。处理完新结构和挖掘模型之后即可浏览挖掘模型。

(2)算法参数设置。在聚类之前可以设置算法参数,也可以不设置,系统自动采用默认值。在"数据挖掘设计器"的"挖掘模型"选项卡中,右键单击要为其优化算法的挖掘模型的算法类型,在下拉菜单中选择"设置算法参数",即可打开"算法参数"对话框,主要有 4 个算法参数可以设置,如图 5-10 所示。

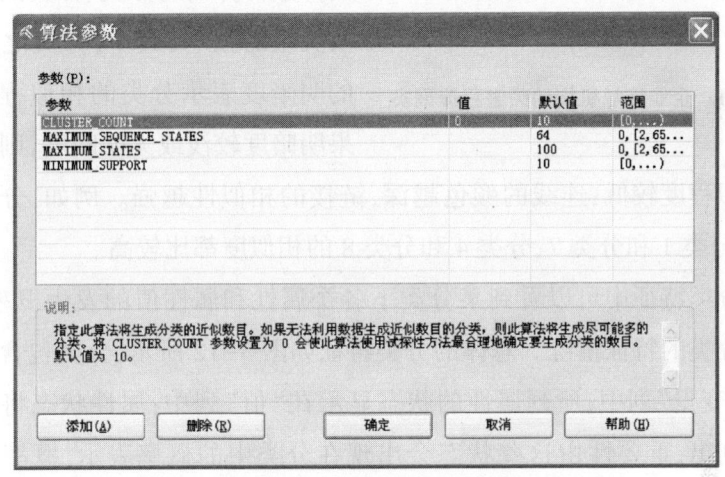

图 5-10　进行序列聚类的算法参数设置

Cluster_Count:指定此算法将生成分类的近似数目。如果无法利用数据生成近似数目的分类,则此算法将生成尽可能多的分类。将 Cluster_Count 参数设置为 0 会使此算法使用试探性方法最合理地确定要生成分类的数目。默认值为 10。

Minimun_Support:指定一个序列拥有的最小支持数,整数类型,默认是 10,从而避免每类所包含的事例过少。

Maximum_States:指定聚类算法属性的状态数目的最大值,整数类型,默认是 100,如果包含的状态数超过 100,则属性会调用特征选择。

Maximum_Sequence_States:指定序列属性中状态数目的最大值,整数类型,默认是64。

(3)结果预览及分析。在 Analysis Services 中浏览挖掘模型时,该模型会显示在其"数据挖掘设计器"的"挖掘模型查看器"中。

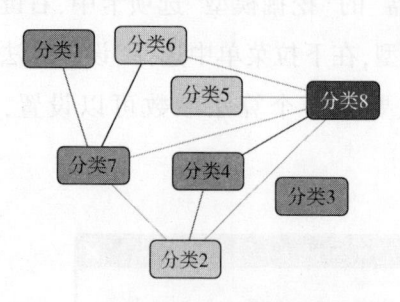

图 5-11 企业接触机构的频繁程度聚类

通过"挖掘模型查看器"查看聚类结果,系统在默认状态下的自动聚类结果共得到 8 类,其分类关系图如图 5-11 所示。从图 5-11 中可以看到算法计算出的分类、分类间的关系及关系的强弱,其中,分类之间连线的明暗度表示分类的相似程度。如果明暗度较浅或无明暗度,则表示分类的相似程度较低;连线的颜色越深,链接的相似性越强。例如,分类 6 和分类 7、分类 1 和分类 7、分类 4 和分类 8 的相似度都比较高。

从分类特征中可以看到某分类下各个属性和属性值的发生概率,以此来观察分类的特征情况。总体的分类特征如图 5-12 所示,分类包含的属性显示在"变量"列中,所列属性的状态显示在"值"列中;属性状态将按重要性顺序列出,重要性由这些状态会出现在分类中的概率表示,概率显示在"概率"列中。总体分类的属性及属性值的发生概率如表 5-8 所示。

图 5-12 总体分类特征

表 5-8 分类特征之总体特征

序号	变量	值	概率	序号	变量	值	概率
1	频率第三	缺失	30.5%	14	频率第三	D	10.0%
2	频率最高	G	29.0%	15	频率第三	B	9.5%
3	频率最高	B	28.5%	16	频率第二	A	9.5%
4	频率第二	F	18.5%	17	频率第二	E	8.0%
5	频率第二	G	17.0%	18	频率最高	E	7.0%
6	频率第二	B	16.5%	19	频率第三	E	6.0%
7	频率第三	G	15.5%	20	频率最高	A	4.0%
8	频率最高	F	15.0%	21	频率第三	I	3.5%
9	频率第二	D	14.5%	22	频率最高	I	3.0%
10	频率第三	F	11.5%	23	频率第二	C	2.5%
11	频率最高	D	11.0%	24	频率第二	I	2.0%
12	频率第三	A	10.5%	25	频率最高	H	2.0%
13	频率第二	缺失	10.5%				

对于各分类下的属性及属性值的发生概率,只选取概率最大的前三位,保留一位小数,并去掉缺失项,按照变量序列排序的结果如表 5-9 所示。

表 5-9 接触机构频繁度不同的 8 类企业在接触最多的前三位机构中的项目

频繁程度	一类		二类		三类		四类		五类		六类		七类		八类		总体	
	项目	频率(%)	项目	频率(%)	项目	频率(%)	项目	频率(%)	项目	频率(%)	项目	频率(%)	项目	频率(%)	项目	频率(%)	项目	频率(%)
频率最高	B	100.0	F	46.2	F	72.0	G	48.7	E	65.2	B	63.9	B	99.0	G	67.9	G	29
频率第二	G	71.5	D	75.1	G	45.3	E	54.2	G	57.7	F	98.1	A	58.5	F	56.7	F	18.5
频率第三	A	42.9	B	54.4	G	35.5	F	66.3	B	33.4	G	91.3	G	45.5	B	45.5	缺失	30.5

利用钻取技术对各类进行钻取,可以浏览用于生成模型的源数据,得到

各类的样本数据,其中,分类 1 钻取结果如图 5-13 所示。各类的数量和比率统计如表 5-10 所示。

图 5-13 对分类 1 的钻取结果

表 5-10 企业接触机构的频繁程度初次聚类

类别	大小	节点概率	行数	频率(%)
分类 1	21	0.118	27	13.5
分类 2	13	0.078	16	8.0
分类 3	27	0.151	31	15.5
分类 4	24	0.094	32	16.0
分类 5	13	0.064	14	7.0
分类 6	11	0.067	13	6.5
分类 7	25	0.135	23	11.5
分类 8	46	0.205	44	22.0
总体	180	0	200	100.0

需要注意的是,由于系统在训练样本时常常不是采用全部样本,例如,本例样本数共 200 个,而训练样本数为 180 个,所以导致表 5-10 中的分类

大小数不同于行数,而行数是通过对类别钻取得到的数据,由此计算出类别频率,用户对于行数和频率更容易理解。对于节点概率(Node-probability),在微软技术支持网站对 SQL Server 2008 说明中的解释是:"分类节点,模型中调整后的分类概率。调整后的概率总和不等于 1,因为在顺序分析和聚类分析中使用的聚类分析方法允许在多个分类中使用部分成员身份,模型根的值始终为 0。"所以,对于一般以专业研究为目的而非数据挖掘方法本身,分析人员应该麻烦一些,列出"行数"和"频率",并且略去"节点概率"。当然,也可以人工调整聚类参数,包括类别数量等。

5.5.2 进一步聚类和分析

通过调整聚类参数,如聚 5 类、聚 6 类等,进行进一步聚类和分析。由于系统自动的默认聚类是根据默认算法所认为的最合适类别数,将此基础数据移植到 SPSS 统计分析软件中,可以很方便地边观察边进行试分析,再根据情况进一步聚类。具体操作方法是:先建立一个变量,称为"××类",再将钻取的结果按照样本编号对 SPSS 中相应数据表的各个样本进行归类处理,分类 1 的样本情况如表 5-11 所示。然后根据需要进一步聚类,并与其他变量进行关联分析。

表 5-11 分类 1 的样本情况

ID	频率最高项	频率第二项	频率第三项	ID	频率最高项	频率第二项	频率第三项
5	B	G	F	90	B	G	A
6	B	D	E	96	B	G	F
7	B	G	A	99	B	D	F
9	B	G		105	B	G	F
11	B	G		108	B	D	
25	B	G	A	114	B	G	
27	B	D	F	133	B		
42	B	D	A	138	B	D	
43	B	G	H	141	D	G	F

续表

ID	频率最高项	频率第二项	频率第三项	ID	频率最高项	频率第二项	频率第三项
57	B	D	A	152	B	G	F
66	B			153	B		
72	B			179	B	G	A
75	B	G	F	180	B	G	E
84	B	G	A				

（1）合并类别。由于排序题目 A_2 的数据量不够充分，所以需要进一步合并类别。由图5-11中分类之间连线颜色的深浅可知，分类6和分类7的相似度最高，其次是分类4和分类8，分类1和分类7的相似度也比较高。由于排序题目 A_2 不是时序型排序题，同时各序列变量之间没有因果关系，例如，接触频率第二与接触频率第三只是重要性不同，因此可以淡化顺序，将项目相同但顺序相近的类合并。由表5-9可知，一类（B，G，A）与七类（B，A，G）的项目是相同的，且接触频率最高的排序也相同，只是接触频率第二与接触频率第三的顺序有所差异，因此可以将分类1与分类7进行合并。通过分析，最终将分类1、分类6和分类7进行合并，再将分类4和分类8进行合并，得到新的五类。利用SPSS重新统计各类别的选项，将各个类别在接触频率最高、频率第二和频率第三这3个位置中的最高选项及频率列出，从而可以观察各类别的基本特征，汇总内容如表5-12所示。

表5-12 接触机构频繁度不同的五类企业在接触最多的前三位机构中的项目

频繁程度	一类		二类		三类		四类		五类		总体	
	项目	频率(%)	项目	频率(%)	项目	频率(%)	项目	频率(%)	项目	频率(%)	项目	频率(%)
最高	B	90.5	G	43.8	F	77.4	G	67.1	E	71.4	G	29
第二	G	25.4	D	75.0	G	35.5	B	31.6	G	50.0	F	18.5
第三	G	34.9	B	37.5	缺失	32.3	缺失	39.5	缺失	50.0	缺失	30.5
主要特征	最频繁接触供应商		较频繁接触金融机构		接触政府主管部门		特征不明显		较频繁接触大学和科研机构		—	

在描述不同类别企业的主要特征时,应关注主要方面,突出特性因素,淡化共性因素。所有企业都要接触工商、税务机构,这是共性因素,在特征描述时不做述及,所有企业都要接触供应商,但是其频繁程度不同,反映了其特征不同。不是所有的企业都接触大学、科研机构和除了工商、税务机构以外的政府主管部门,所以这是特性因素。各类企业的数量和频率统计如表5-13所示。从表5-13中可以看出,最大的类别占38%,特征不明显。较频繁接触大学、科研机构的类别最小,只占7%。

表5-13 不同类别企业数量和频率

接触机构频率类别	特征	个数	百分比(%)
四类	特征不明显	76	38.0
一类	最频繁接触供应商	63	31.5
三类	接触政府主管部门	31	15.5
二类	较频繁接触金融机构	16	8.0
五类	较频繁接触大学和科研机构	14	7.0
合计		200	100

(2)关联分析。确定最终类别后,就可以很方便地对这个类别变量与其他变量进行关联分析,从而寻找各类别特征、各类别对其他变量的影响等。

首先分析接触机构频率类别与近3年平均销售额增长率之间的关系。交叉分析结果如表5-14所示,其卡方检验的显著性概率为0.056,表明接触机构频繁度不同的五类企业的近3年平均销售额增长率的差异是比较显著的。从表5-14中可以看出,第五类企业,即"较频繁接触大学和科研机构"的类别,在增长20%以上的档次和5%以下档次分布的频率明显较多,分别为57.1%和28.6%,表现出增长的两极分化。特征不明显的也是最大类别的第四类企业,其增长程度主要在5%~10%之间,而其他档次的数据分布大体均匀。

表 5-14　不同类别企业与近 3 年平均销售额增长率的交叉列表

接触机构频率类别		近三年平均销售额增长率				合计
		小于 5%	5%~10%	11%~20%	20%以上	
一类	计数	6	20	17	20	63
	频率%	9.5%	31.7%	27.0%	31.7%	100%
二类	计数	2	3	6	5	16
	频率%	12.5%	18.8%	37.5%	31.3%	100%
三类	计数	4	9	12	6	31
	频率%	12.9%	29.0%	38.7%	19.4%	100%
四类	计数	11	31	15	19	76
	频率%	14.5%	40.8%	19.7%	25.0%	100%
五类	计数	4	0	2	8	14
	频率%	28.6%	0%	14.3%	57.1%	100%
合计	计数	27	63	52	58	200
	频率%	13.5%	31.5%	26.0%	29.0%	100%

其次研究不同类别企业与大学科研机构联系对企业成长帮助之间的关系。交叉分析结果如表 5-15 所示，卡方检验的显著性概率为 0.012，说明不同类别企业与大学和科研机构联系帮助企业增长之间存在显著性差异。

表 5-15　不同类别企业与大学和科研机构联系对企业成长帮助的交叉列表

接触机构频率类别		与大学和科研机构联系对企业成长帮助				合计
		帮助较少	帮助程度一般	比较有帮助	非常有帮助	
一类	计数	4	11	24	6	45
	比率%	8.9%	24.4%	53.3%	13.3%	100%
二类	计数	0	2	4	5	11
	比率%	0%	18.2%	36.4%	45.5%	100%
三类	计数	0	7	9	7	23
	比率%	0%	30.4%	39.1%	30.4%	100%

5 排序题分析

续表

接触机构频率类别		与大学和科研机构联系对企业成长帮助				合计
		帮助较少	帮助程度一般	比较有帮助	非常有帮助	
四类	计数	0	16	33	5	54
	比率%	0%	29.6%	61.1%	9.3%	100%
五类	计数	1	0	7	5	13
	比率%	7.7%	0%	53.8%	38.5%	100%
合计	计数	5	36	77	28	146
	比率%	3.4%	24.7%	52.7%	19.2%	100%

将"与大学和科研机构联系对企业成长帮助"的4个项目合并为两个项目,即无帮助和有帮助。

无帮助=帮助较少+帮助程度一般

有帮助=比较有帮助+非常有帮助

此时,不同类别企业与大学和科研机构联系对企业成长帮助的交叉列表如表5-16所示。从表5-16中可以看出,第五类企业,即"较频繁接触大学和科研机构"类别,认为与大学和科研机构联系对企业成长有帮助的比率最高,为92.3%。而一类和三类企业,即"最频繁接触供应商"类和"接触政府主管部门"的企业,认为大学和科研机构联系对企业成长有帮助的比率较低。

表5-16 合并项目后的交叉列表

接触机构频率类别		无帮助	有帮助	合计
一类	计数	15	30	45
	比率%	33.3%	66.7%	100%
二类	计数	2	9	11
	比率%	18.2%	81.8%	100%
三类	计数	7	16	23
	比率%	30.4%	69.6%	100%
四类	计数	16	38	54
	比率%	29.6%	70.4%	100%

续表

接触机构频率类别		无帮助	有帮助	合计
五类	计数	1	12	13
	比率%	7.7%	92.3%	100%
合计	计数	41	105	146
	比率%	28.1%	71.9%	100%

习 题

一、操作题

基于第二章练习题中的排序题目,完成以下工作:

1. 数据预处理:分列变量、导入其他分析工具。

2. 一般性统计:总体数据统计、最优先选项与其他变量的分析。

3. 建立模型:利用交叉表得到转移概率绘制模型结构图。

4. 聚类分析:采用序列聚类方法分别进行自动聚类和自定义聚类分析。

二、思考题

1. 简要说明排序题的形式及作用。

2. 试述描述性统计的含义及方法。

3. 刻画集中趋势、离散程度及分布形态的描述统计量分别有哪些?

4. 各类比较均值分析方法(T检验、方差分析)分别适用的条件有哪些?

5. 相关性检验的判别标准是什么?

6 变量的综合与群体分类

CNNIC 网络调查中的聚类分析

中国互联网络信息中心(CNNIC)每半年发布一次"中国互联网络发展状况统计报告",在对全国居民上网情况调查所做的抽样设计中,对人群进行了分类分层。例如,对"大学生"这一总体的抽样设计中,对"层"的确定应用了聚类分析:

选定有关学校的规模和性质的变量作为指标(可能与学生上网情况比较相关的指标),具体包括"普通本专科人数""研究生人数""教授人数""副教授人数""博士点数目""硕士点数目"。分层指标标准确定后,利用 SPSS 软件的聚类分析,把 1 001 所大学分为 6 层。

在网络调查过程中,按各层"普通本专科学生研究生人数"所占的比例,确定各层应抽取的学校的个数。

上述案例表明,设计问卷调查时,需要将研究目标和概念分解为若干变量,而在数据分析中,常常需要再由测量变量汇总为反映事物总体的综合变量,或者对测量某概念的各个变量进行加权。变量的综合与对调查对象的分类往往密不可分,对测量人的态度和行为的变量进行综合,实际上也就是对人进行分类。

6.1 变量的加权综合

6.1.1 问题的类型

对于比较抽象的事物(概念)的研究,需要转化为一些可测度的变量。常见的"满意度"调查即属此类。例如,"幸福感"这一概念,在调查时需要将其转化为若干测量变量,包括收入、健康、自然环境、社会环境、人际关系等若干方面,然后再将各个测量变量赋以相应权重,以考察各个变量的重要性,在综合汇总时计算加权平均数,以得出对幸福感的总体评价。

对诸如幸福感等主观感受的测量有专门的研究,对于如何将抽象概念转化为测量变量,此处不做探讨,所以下述对幸福感的测量变量设定不一定符合该领域的专业要求,只是作为数据分析的举例。一般这类问题常常采用李克特5级或7级测量方式,而5级测量刻度更为常见。对幸福感的测量举例如表6-1所示。

表6-1 在如下方面您的感受如何?(请在相应的格中画√)

	不满意(1)	较不满意(2)	一般(3)	较满意(4)	满意(5)
经济状况					
健康状况					
自然环境					
社会环境					
人际关系					

显然,这张量表在调查之后必须根据数据汇总出社会群体对"幸福感"的总体评价。

6.1.2 算术平均数和主观加权法

算术平均数或主观加权法是比较常见的对多变量数据汇总的方法,二者各有优缺点和适应场合。

6.1.2.1 算术平均数

算术平均数就是求所有变量的总平均数。先求各个测量变量的算术平均数,再对各个变量的平均数求平均数。各个测量变量的算术平均数实际上是加权平均数,权数就是各个取值出现的 f_j,然后再以简单算术平均数的方法对各个变量的平均数求总平均数。设测量变量为 $X_i(i=1,2,\cdots,m)$,变量 X_i 的取值为 $X_{ij}(j=1,2,\cdots,n)$,变量值 X_{ij} 的频数为 f_{ij},则变量 X_i 的平均数为:

$$\overline{X_i} = \frac{\sum_{j=1}^{n} f_{ij} X_{ij}}{\sum_{j=1}^{n} f_j}$$

总平均数:

$$\overline{X_{ij}} = \frac{\sum_{i=1}^{m} \overline{X_i}}{m}$$

根据问卷调查数据计算的算术平均数相对于各个指标(变量)的状态(变量值)而言,实际上是以人数为权重,对指标的各个状态,即变量的各个取值进行的加权平均。其优点是反映了"人数"这个权重,某个变量值被选择的人数越多(如"经济状况"这个变量,如果在"较不满意"这个状态选择的人数最多,即变量值=2的权数最大),则最终该变量的平均数受这个值的影响最大。

算术平均数最大的局限就是没有考虑变量的重要性,而变量的重要性显然不同于变量取值的大小。例如,在上述构成幸福感的五个因素中,许多人尽管对收入不很满意(当然也可能满意),但是不认为收入这个因素是构成幸福感的最重要因素,健康这个因素才最重要。变量的重要性不但因人而异,而且因时因条件而异。所以,不考虑变量权重显然与实际情况相差很大,但是如何考虑权重,则是一件需要认真探讨的课题。

6.1.2.2 主观加权法

主观加权法是以不同的方式,如会议讨论、德尔菲法等,由专家对各个测量变量主观地给出权数,然后据此汇总数据,一般用表6-2的形式表示。

表 6-2　给定幸福感的各个测量变量权数

变量(X_j)	经济状况	健康状况	自然环境	社会环境	人际关系
权数(W_i)	W_1	W_2	W_3	W_4	W_5

要求 $\sum W_i = 1$，总平均数：

$$\bar{X}_{ij} = \sum_{i=1}^{m} W_i \bar{X}_i$$

这种由少数专家决定的主观加权法在某些专业性较强的领域应用得比较广泛。但是对于主观感受类调查显然不合适。对于幸福感这样的问题，如果主观对其各个组成要素进行加权，无论如何都会有人提出异议。正所谓"子非鱼，焉知鱼之乐？"对于这些要素，恐怕任何专家都难以给出一个能够达成一致的权重。事实上，不同的要素对于不同的人或在不同的阶段又具有不同的重要性，也就是说，权重问题是客观存在的，最好的办法也许是将决定权交给被调查者。

6.1.3　排序赋权法

理想的方法是在问卷中设立赋权问题，由被调查者对各个变量赋权，但这个方法显然不现实，因为这需要对被调查者进行事先培训。所以较好的方法是设立排序题，例如：

请您对构成幸福感的如下因素进行排序，重要的因素排在前位：

A. 收入　　B. 健康　　C. 自然环境　　D. 社会环境　　E. 人际关系

排序顺序为：最重要_____，次重要_____，第三重要_____，第四重要_____，第五重要_____。

统计排在前若干位的频率，以此频率作为各因素的权数。如果仅以排在第一位的各变量比率作为权重显然是不合理的，因为很可能有些因素在最重要的位置比率为 0，或者很低，以此作为权重不能反映实际情况。排序与权重还是具有一定差距的，在排序的位置中，每一位都是唯一的，而权重则不同。此处建议选择变量排序的前 1/2 位置进行统计，例如，此问题共 5 个因素，可以统计前 2 位的变量比率，也可以统计前 3 位的变量比率。统计的位数越多,权数分布也越均匀,所以有一个斟酌选择的问题。表 6-3 为示意性说明,请不要将表中字母与前述调查的实际含义相对应(例如:表 6-3 中的 A 并不一定代表收入)。

表 6-3 变量的排序位置统计

项目	占前 2 位比率(%)	占前 3 位比率(%)
A	53	35
B	39	30
C	3	12
D	0	10
E	5	13
合计	100	100

6.1.4 熵权法

对于有些问题,特别是测量变量不多的主观感受性调查,采用排序赋权法是一种很好的选择。但是有些问题不适合采用排序法,例如,测量变量较多(10 个以上),或者各种原因难以设立排序问题,这些问题就可以采用熵权法。

6.1.4.1 数值型变量熵权法

数值型变量,即可以用数值型数据度量的变量,包括连续变量和离散变量。问卷选择题中的等级型变量可以作为数值型变量。邱菀华(2011)详细论述了管理熵学及其应用,根据熵学原理,完全可以将熵权法用在调查问卷的数据分析之中,尽管熵权法在决策领域对方案和评价指标的评估方面早已取得了成功的应用,但是在问卷调查领域应用较少。采用熵权法需要对样本容量 n 或其倒数 $(1/n)$ 计算对数,随着计算机技术的发展,这一问题已经解决。利用 Excel 表或统计软件(SPSS)可以轻易地计算百亿数量级的对数,并且可以保留多达 16 位以上的小数位,完全可以满足社会调查的计算需要。

对于 m 个评价指标(变量),评价对象(样本数)为 n,第 $j(j=1,2,\cdots,n)$

个对象在第 $i(i=1,2,\cdots,m)$ 个指标的取值为 x_{ij}，构成矩阵 X。

$$X = \begin{bmatrix} x_{11} & x_{12} & \cdots & x_{1n} \\ x_{21} & x_{21} & \cdots & x_{2n} \\ \cdots & \cdots & \cdots & \cdots \\ x_{m1} & x_{m2} & \cdots & x_{mn} \end{bmatrix}$$

对 X 做标准化处理如下：

$$r_{ij} = \frac{x_{ij} - \min_j\{x_{ij}\}}{\max_j\{x_{ij}\} - \min_j\{x_{ij}\}}$$

并且 $r_{ij} \in [0,1]$ 形成了一个矩阵 R：

$$R = \begin{bmatrix} r_{11} & r_{12} & \cdots & r_{1n} \\ r_{21} & r_{21} & \cdots & r_{2n} \\ \cdots & \cdots & \cdots & \cdots \\ r_{m1} & r_{m2} & \cdots & r_{mn} \end{bmatrix}$$

此处假定 r 大者为优，并规定如果某 i 变量中的 $\max\{x_{ij}\} = \min\{x_{ij}\}$，则 r_{ij} 为 x_{ij} 除以整个 $\{x_{ij}\}$ 中（而非 i 变量中）的最大值。经过标准化处理后的数据在区间 $[0,1]$ 上有一个合适的分布。

定义第 i 个测量变量的熵为：

$$H_i = -k\sum_{j=1}^n f_{ij}\ln f_{ij}, \quad k = \frac{1}{\ln n} \quad i = 1,2,\cdots,m$$

式中：

$$f_{ij} = \frac{r_{ij}}{\sum_{j=1}^n r_{ij}}$$

显然：$0 \leqslant f_{ij} \leqslant 1$，并且 $\sum f_{ij} = 1$。

并规定，当 $f_{ij} = 0$ 时，$f_{ij}\ln f_{ij} = 0$。

如果各个样本在某变量下的取值差异大，该变量各个值的数据分布比较均匀，即被调查者的意见比较分散，分歧较大，则熵值小。反之，如果各个样本在某变量下的取值差异小，该变量各个值的数据分布比较集中，即被调查者的意见比较集中，分歧较小，则熵值大。极端情况下，如果某变量的所

6 变量的综合与群体分类

有样本仅取一个值,即 $r_{1j}=r_{2j}=\cdots=r_{mj}$,大家达成公认的意见,则其熵值达到最大值,即 $H_i=1$。具体计算过程如下:

$$H_i = -\frac{1}{\ln n}\sum_{j=1}^{n}\frac{1}{n}\ln\frac{1}{n} = -\frac{1}{\ln n}(\ln 1 - \ln n) = 1$$

指标的熵值计算出来后,接下来是如何赋权。熵值是度量数据分布差异性的指标,如何赋权就需要根据指标的用途而定。在社会调查中,指标具有两个用途,一是调查人群在某方面的态度,诸如幸福感等主观感受和评价,此处称为态度指标。二是用于评价某事物,目的是对评价对象进行排序或区分,此处称为评价指标。目的不同的指标,其熵权的定义方法不同。

(1) 态度指标熵权。对于态度指标,应该将熵值大的变量给予较高权重,因为熵值越大,即数据一致性越强,说明被调查者具有比较明显的倾向性意见。所以将第 i 个变量的态度指标熵权定义为:

$$W_i = \frac{H_i}{\sum_{i=1}^{m}H_i}$$

态度指标熵权说明了被调查者在该指标上态度的一致性。对于某个指标,如果被调查者对其各个取值的选择没有任何主观倾向,则样本数据呈现均匀的随机分布,表现为系统混乱程度高,而变量各个取值的概率差异小,从样本数据所表现的倾向角度,即实战中被调查者的态度角度,所能提供的有价值的信息较少,此时熵较小,所定义的态度指标熵权也较小。反之,如果被调查者具有比较明确的倾向,大家都基本一致地选择某一个或某些取值,则样本数据分布很不均匀,变量各个数值的频率分布差异很大,从被调查者态度的角度看,所能提供的有价值的信息较多,此时熵较大,所定义的态度指标熵权也较大。

在社会调查中,诸如对幸福感等主观感受这类概念分解的测量变量的调查目的是了解被调查者的态度,所以属于态度指标一类。如果被调查者群体达成某种一致性意见,例如,对某方面很满意或不满意,都应该引起重视。

(2) 评价指标熵权。评价指标的熵权法度量了测量指标的信息价值。如果对于某个变量,被调查者对各个取值的选择达成一致意见,则数据分布比较集中,熵值较大,也就是在该指标上的分歧小,此时该指标的测量意义较低,应该赋以较低权重;反之,如果被调查者意见不一致,则数据分布比较分散,该指标的测量意义较大,应该赋以较高权重。据此原理,第 i 个变量的评价指标熵权 W_i 定义为:

$$W_i = \frac{1 - H_i}{m - \sum_{i=1}^{m} H_i}, 0 \leq W_i \leq 1, \sum W_i = 1$$

在社会调查中,用于对被调查者进行区分的指标,例如,研究不同群体大学生的特点,其群体区分的指标可以是性别、专业、居住地、经济条件、学习成绩等,极少用年龄这个指标作为对大学生群体的区分指标,因为在这个指标下的数据分布一致性很高。

6.1.4.2 分类变量熵权法

分类变量,即不能用数值表达变量值的变量,包括性别、专业、民族、政治面貌等,尽管在数据处理时也常常用数值代替,但是只是一种替代,数值之间没有任何排序和距离的概念。例如,以数值代替专业可以是:1—金融,2—工商管理,3—会计,4—信息管理与信息系统,等等。这些数值不可以直接进行任何计算,所以只能用变量的频数和频率进行计算。

设有离散测量变量 $X_i(i=1,2,\cdots,m)$,其取值数量为 $j(j=1,2,\cdots,n)$,第 i 个变量在第 j 个数值的取值为 X_{ij},其频数为 f_{ij},构成频数矩阵 F 如下:

$$F = \begin{bmatrix} f_{11} & f_{12} & \cdots & f_{1n} \\ f_{21} & f_{21} & \cdots & f_{2n} \\ \cdots & \cdots & \cdots & \cdots \\ f_{m1} & f_{m2} & \cdots & f_{mn} \end{bmatrix}$$

则第 i 个变量在第 j 个取值(状态)下的频率为 p_{ij},计算公式为:

$$p_{ij} = \frac{f_{ij}}{\sum_{j=1}^{n} f_{ij}} \quad \sum p_{ij} = 1$$

定义第 i 个测量变量的熵为:

$$H_i = -k \sum_{j=i}^{n} p_{ij} \ln p_{ij}, \quad k = \frac{1}{\ln n} \quad i = 1, 2, \cdots, m$$

并假定,当 $p_{ij}=0$ 时,$p_{ij}\ln p_{ij}=0$。

某测量变量的熵值越大,表明该变量各个状态的分布越均匀,也就是被调查者的态度不够鲜明。极端情况下,如果某变量在各个状态的分布相等,即 $p_{ij}=1/n$,则其熵值达到最大值,即 $H_i=1$。反之,如果某个变量在第 j 个值的频率为 100%,则其熵为最小值,即 $H_i=0$。

这种性质可以从调查意义和信息论两个角度进行解释。从调查意义上看,如果对于某个变量,被调查者对其各个取值的选择没有任何主观倾向,则数据呈现均匀的随机分布;反之,如果被调查者具有比较明确的倾向,大家都公认选择某一个或某些取值,则数据分布很不均匀。按照信息论的观点,"一个系统的有序程度越高,则熵越小,所含的信息量就越大";反之,系统混乱度越高,熵值越大,则所提供的信息量越低,当均匀分布时,熵值为1,没有任何信息含量。二者的角度是一致的,当被调查者对某项变量值(指标的状态)的选择没有倾向性意见时,表现为数据分布的均匀性高,该变量的熵值高,此时说明该变量的重要性低,应该赋以较低的权重;反之,当被调查者对某变量的取值意见一致性强时,表现为某个数值的频率很高,则该变量的熵值低,应该赋以较高的权重。据此原理,反映样本数据在变量 i 上分布的一致性的熵权定义为:

$$W_i = \frac{1-H_i}{m-\sum_{i=1}^{m}H_i}, 0 \leq W_i \leq 0, \sum W_i = 1$$

6.1.4.3 熵权的应用与要注意的问题

对于问卷数据分析来说,以熵权对某一研究对象的各个测量变量进行加权,有其独特的作用,同时也有相应的问题。

(1)评价指标熵权反映了指标的测量意义,也就是反映了指标所带来的新的信息含量。如果某个指标的各个取值相同,实践中往往是调查之前就已经达成共识,该指标没有测量意义。例如,对入学大学生的调查研究,其测量指标可以有:性别、高考成绩、第一专业选择、居住地区等,而年龄这个指标基本没有意义,因为大家基本都一样。

(2)态度指标熵权反映了被调查者意见的一致性。某个变量的态度指标熵权较大,说明被调查者在这个变量上的某个或某几个值上的数据分布比较集中,也就是被调查者的意见比较集中;反之,如果某个变量熵权小,则说明数据在各个变量值上的分布比较均匀,被调查者的意见比较分散。态度指标熵权很适合反映"群众的呼声"。

(3) 反映各指标在竞争意义上的相对激烈程度。邱菀华(2011)在论述熵权的性质时指出,熵权的特殊意义"并不是在决策或评估问题中该指标的实际意义上的重要性系数,而是在给定被评价对象集后各种评价指标值确定的情况下,各指标在竞争意义上的相对激烈程度系数"。

(4) 具有标准差不可替代的作用。熵值与标准差具有共同点,就是都反映了数据分布的集中或分散程度。但是熵值与标准差不同,熵值只与数据分布的频率有关,即只与 f_{ij} 或 p_{ij} 有关,与数据差距的绝对值无关;而标准差同时与数据的分布概率 p_{ij} 有关,也与数据分布的绝对值 $(X_{ij}-\bar{X_i})$ 有关。从这一角度可以更深入地理解上述第(3)点的含义。

(5) 熵权的问题。上述经典熵权在计算方法上存在一定问题,张近乐和任杰(2011)证明了当指标熵值 $H_i(i=1,2,3,\cdots,m)$ 接近于 1 时,不同指标相互间熵值的微小差别会引起各自所对应的熵权成倍数的变化,同时也提出了修正方法。

6.1.4.4 熵权法应用举例

以教师倦怠程度的测量调查为例。该调查问卷共有 12 个问题,每个问题都是 7 级度量,样本数为 302 个,即 $m=12, n=302, k=(1/\ln 302)=0.175\,1$。各个变量取值的比率如表 6-4 所示。

表 6-4 教师倦怠问题的调查数据比率分布

变量		变量取值(X_j)的分布比率(%)							
X_i	含义	1—从不	2—极少	3—偶尔	4—经常	5—频繁	6—非常频繁	7—每天	合计
1	学生接触压力	12.3	19.9	33.1	20.5	6.3	2.6	5.3	100
2	工作崩溃	15.6	25.2	35.9	13.0	7.0	1.3	2.0	100

续表

变量		变量取值(X_j)的分布比率(%)							
3	情绪低落	10.9	26.5	39.4	14.6	4.3	2.0	2.3	100
4	工作紧张	3.7	13.1	26.2	38.6	7.7	4.7	6.0	100
5	冷漠学生	21.7	28.3	28.3	17.7	1.3	1.7	1.0	100
6	工作无趣	15.0	28.3	31.0	20.0	2.0	1.0	2.7	100
7	怀疑工作意义	20.9	20.9	28.8	19.9	5.6	1.0	3.0	100
8	难以适应变革	9.6	22.8	41.1	19.5	3.0	1.3	2.6	100
9	难应付新问题	12.6	30.9	38.9	12.0	2.3	1.7	1.7	100
10	培训机会少	5.3	9.6	26.5	33.8	11.3	8.6	5.0	100
11	晋升竞争激烈	2.0	5.3	17.2	38.7	12.9	11.3	12.6	100
12	想离开学校	25.7	22.0	32.0	14.0	3.0	0.7	2.7	100

这类变量显然应该用数值型变量的熵权法计算,因为各个等级的数值具有比较意义,如果用分类变量熵权法计算,则体现不出各个等级的比较意义。所计算的各变量平均值、评价指标熵权和态度指标熵权等统计量如表6-5所示。

表6-5 教师倦怠问题的数据统计量

变量		N	平均数	熵值	评价熵权	态度熵权	态度熵权×平均值
1	学生接触压力	302	3.18	0.954	0.08	0.08	0.25
2	工作崩溃	301	2.82	0.948	0.10	0.08	0.23
3	情绪低落	302	2.90	0.958	0.08	0.08	0.23
4	工作紧张	298	3.72	0.974	0.05	0.09	0.33
5	冷漠学生	300	2.58	0.935	0.12	0.08	0.21
6	工作无趣	300	2.79	0.948	0.10	0.08	0.22
7	怀疑工作意义	302	2.83	0.938	0.11	0.08	0.23
8	难以适应变革	302	2.98	0.963	0.07	0.08	0.24
9	难应付新问题	301	2.72	0.955	0.08	0.08	0.22

续表

	变量	N	平均数	熵值	评价熵权	态度熵权	态度熵权×平均值
10	培训机会少	302	3.82	0.974	0.05	0.09	0.34
11	晋升竞争激烈	302	4.39	0.982	0.03	0.09	0.40
12	想离开学校	300	2.59	0.925	0.14	0.08	0.21
	合计	—	3.11	11.453	1.00	1.00	3.10

由表6-5可以看出，各个测量变量倦怠因素的态度熵权和算术平均值的排序在主要方面基本一致，态度熵权的加权平均数和算术平均数这两种算法的前4位是完全相同的。

有趣的是，对各个倦怠测量变量按照评价熵权由小到大排序，如图6-1所示，出现了神奇的现象。问卷中的原意是测量"职业倦怠症状及特征"，但是从测量变量的含义来看，有些变量倾向是倦怠的特征和结果，而有些变量倾向是倦怠的原因。从图6-1中明显看出，评价熵权较低的变量，即"晋升竞争激烈""培训机会少""工作紧张"，根据经验，明显倾向倦怠的原因，而评价熵权较高的变量，即"想离开学校""冷漠学生""怀疑工作意义"三个变量，明显倾向倦怠的结果、症状和特征。再比较中间那些变量，也有这些特点，其中"工作无趣"和"工作崩溃"两个变量并列，要比"学生压力""难应付新问题""情绪低落"偏于表象。

难道变量的"评价熵权"这个参数可以度量该变量对所测量事物的测量深度吗？的确如此。评价熵权越小，则变量测量的深度越深，倾向事物的原因；反之，评价熵权越大，则测量的深度越浅，越接近表象。这个现象看似神奇，但也并非不可思议。常识告诉我们，某个事物，越接近其原因，其表征因素越少；反之，越接近表象，其所表现的现象特征越多。前已述及，熵反映了被调查者意见的一致性。对于数量变量的熵值计算方法，熵值高则说明被调查者的意见一致性高，即"群众的呼声"高。同样是因"晋升竞争激烈"这个原因导致的倦怠，而其表象可以有多种，有些人可能"想离开学校"，有些人可能表现为"冷漠学生"，还有些人可能"怀疑工作意义"。对于事物的原

6 变量的综合与群体分类

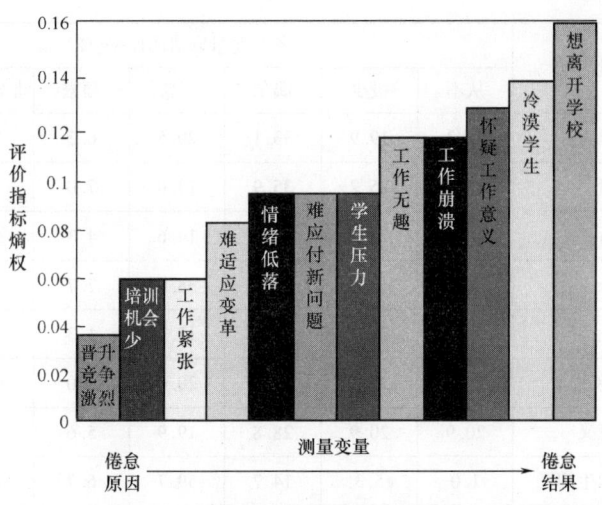

图 6-1　教师倦怠测量指标的评价熵权排序

因,达成共识的人数比较多,所以其熵值大而评价熵权小;反之,对于事物的表面特征,不同的人具有各自不同的表象和症状,数据分布比较散乱、相对均匀,所以其熵值小而评价熵权大。

6.2　对变量的综合与聚类

根据研究需要,常常要根据多个变量进行分类,然后再研究各类别特征。对测量人的态度和行为的变量进行综合,实际上也就是对人进行分类。下面仍以教师倦怠问题的调查数据为例进行说明。

6.2.1　对变量的综合

在社会调查中,为了对某个概念进行测量,往往要设计一系列测量变量,而所提供的分析报告需要对这个概念进行高度概括,这就必须对诸多变量进行综合,最一般的方法就是算术平均数法。

为了测量教师的倦怠程度,设立了 16 个测量变量(指标),涵盖了所有职业倦怠现象,每个变量分为 7 个等级。统计各个变量取值的比率之后形成表 6-6。

表6-6 教师职业倦怠及特征数据分布

测量变量	各个变量取值的比率(%)						
	从不	极少	偶尔	经常	频繁	非常频繁	每天
学生接触压力	12.3	19.9	33.1	20.5	6.3	2.6	5.3
工作崩溃	15.6	25.2	35.9	13.0	7.0	1.3	2.0
情绪低落	10.9	26.5	39.4	14.6	4.3	2.0	2.3
工作紧张	3.7	13.1	26.2	38.6	7.7	4.7	6.0
冷漠学生	21.7	28.3	28.3	17.7	1.3	1.7	1.0
工作无趣	15.0	28.3	31.0	20.0	2.0	1.0	2.7
怀疑工作意义	20.9	20.9	28.8	19.9	5.6	1.0	3.0
能有效地处理学生问题	1.0	5.3	14.7	59.7	6.7	6.3	6.3
感到工作对学生有意义	1.3	6.0	18.3	47.8	10.0	5.3	11.3
自信能完成工作	0.7	3.0	11.0	51.3	11.0	8.3	14.7
难以适应变革	9.6	22.8	41.1	19.5	3.0	1.3	2.6
难应付新问题	12.6	30.9	38.9	12.0	2.3	1.7	1.7
培训机会少	5.3	9.6	26.5	33.8	11.3	8.6	5.0
职务晋升竞争激烈	2.0	5.3	17.2	38.7	12.9	11.3	12.6
想离开学校	25.7	22.0	32.0	14.0	3.0	0.7	2.7
对学校工作非常满意	7.6	14.3	33.2	30.9	6.6	2.7	4.7

下面将16个指标分为倦怠指标和乐观指标两大类,即12个倦怠指标和4个乐观指标,分别按照指标平均值排序,指标值取值范围是1~7。对于倦怠指标,指标的数值越大,说明倦怠程度越高;对于乐观指标,指标的数值越大,说明倦怠的程度越低而乐观的程度越高。设计两个计算指标来综合反映教师的倦怠程度:一是倦怠指标综合平均分,二是乐观指标综合平均分。

综合倦怠度平均分,即对所有倦怠指标求加权平均值:

综合倦怠平均分 = $\sum$(数值 × 选项数)/$\sum$ 选项数 = 11 238/3 612 = 3.1

平均倦怠度3.1的含义是比"偶尔"倦怠略大一点,中位数是3.5,可见,平均数小于中位数。统计表明,65.5%的教师倦怠频繁度在"偶尔"及以下

6 变量的综合与群体分类

程度,可以解释为超过半数的教师(65.5%)有轻度倦怠,即中度以下倦怠; 12.9%的教师从不倦怠;具有中度及以上倦怠的教师占34.5%,其中7.1%的教师严重倦怠。

综合乐观度平均分,即对所有乐观指标求加权平均值:

综合乐观度平均分 = $\sum$(数值 × 选项数)/$\sum$选项数 = 4 880/1 202 = 4.1

平均乐观度4.1的含义是比中度乐观高一些,或者叫"经常乐观"。统计表明,"偶尔乐观"及其以下的人数占29.2%,经常乐观及其以上的人数占70.8%。

用百分数描述倦怠状况更容易对总体情况加以理解。综上,每个指标的程度都为7个等级,可以用指标值除以7得到百分比率:

综合倦怠度平均分百分比 = 3.1/7 = 0.443 = 44.3%

综合乐观度平均分百分比 = 4.1/7 = 0.586 = 58.6%

总体情况如表6-7所示。

表6-7 倦怠度和乐观度综合评价

	综合倦怠度	综合乐观度
有效问卷数	291	297
最小值	1	2
最大值	7	7
平均值	3.1	4.06
标准差	0.842	0.941
离散系数(%)	27.2	23.2

分析的过程本来就是将定性指标进行量化后分析,然后再解释定性问题,并不是分析真正的数量指标,所以在解释问题时没必要严格拘泥于数值结论,只是给出一个大致的半定性、半定量解释。上述结论可以解释为:倦怠程度大约40%,乐观度大约60%。可以总结为:教师的总体状况是6分乐观、4分倦怠。

用上述方法对16个变量测量的概念进行了高度概括。上述方法尽管简单,但是思路很重要,就是将研究目的、工具测量和抽象概括这三部分形成整体的思路:首先根据研究目的将某一概念转化为一系列测量变量,在进行调查测量之后,再综合汇总各个测量变量的数值并进行抽象概括,对所研究的概念给出总体性的描述。

下面再设计一个综合指标:

$$综合指标=0.75×综合倦怠度+0.25×(7-综合乐观度)$$

这个指标的设计显然是合理的,因为 4 个乐观指标在 16 个指标中占 25%,所以综合乐观度的权数给 0.25,综合倦怠度的权数自然是 0.75。又因为综合乐观度值越大,表示越不倦怠,而最大值为 7,表示一点也不倦怠,所以用 7 减之,计算每一份问卷的综合指标数值。

6.2.2 对综合变量的聚类

上述"综合指标"已经成为一个定量指标,此时可以利用定量指标的聚类方法,一般用 K-Mean 方法聚类,先尝试性自定类别数量,经过运行后观察类中心和各类比率,当达到分布比较合理时即为合适的分类。本案例经过 3 类、4 类至 5 类的聚类比较,结果按 5 类进行聚类比较合适,对 5 个类别定义倦怠程度,即不倦怠、轻微倦怠、中等倦怠、比较严重倦怠和严重倦怠,然后统计每种情况的人数,如表 6-8 所示。

表 6-8 倦怠类别人数

倦怠程度	人数	比率(%)	累计比率(%)
不倦怠	44	15.3	15.3
轻微倦怠	79	27.5	42.8
中等倦怠	119	41.5	84.4
比较严重倦怠	42	14.6	98.9
严重倦怠	3	1.0	100
合计	287	100	—

由表 6-8 可知,41.5%的教师处于中等倦怠,大多数教师为中等倦怠和

轻微倦怠,所以前面总结的那句话仍然合适,即 6 分乐观、4 分倦怠。进一步分析各类倦怠程度与职称、性别、年龄和职务的关系,可以发现许多有意义的规律。

6.3 聚类分析法的群体分类

根据群体的一项、两项或三项基本特征进行分类,然后研究各类群体的态度与行为,是问卷数据分析的常规工作。对群体分类包括依靠人工分类和聚类分析两大类。经典的聚类分析是针对定量变量,微软在其数据挖掘工具中开发了一种针对定性变量的聚类方法。一般来说,当对两个变量进行相关分析时,如果相关系数不是很高,则可以进行聚类分析。

6.3.1 两个定序变量的聚类

6.3.1.1 方法简介

如果是两个定序变量,有时也可以当作连续变量处理,采用 K-Means 算法进行聚类。这是在社会科学中常用的处理方法。这种处理方法的前提是,变量所度量的概念实际上是连续的,但是由于人的表达方式有限或者限于各种因素,无法或没必要用连续变量度量。最典型的问题就是对满意度的测量,人的满意度实际上是一个连续变量的概念,但是在实际中一般用离散的排序变量度量。并不是所有的排序变量都可以作为连续变量处理,典型的是运动会的名次,分为:冠军、亚军、季军。冠军和亚军之间没有意义。

在问卷数据分析中,常常根据调查目的和任务,将调查对象的两项典型特征进行聚类分析,然后在此基础上进行深入分析,一般过程如下:

(1)选择典型分类变量。根据研究的目的、内容以及对调查对象的经验判断,对某个具体研究问题选择两个典型的特征变量进行聚类。选择一个分类变量过于单一,使得研究不够深入,如果数据充分,选择 3 个变量也可,但一般情况下会使研究过于烦琐。两个变量在二维坐标上形成两个方向,正好形成 4 种类别组合,既抓住了问题的关键,表达得又很清晰。例如:在研究大学生对待消费的态度上,选择家庭月收入和学生消费态度这两个指标进行聚类,发现4类聚类所反映的问题很经典,详见以下具体说明。

(2)聚类操作。定量聚类分析一般以社会统计软件(SPSS)为工具,采用K-Means方法人工设定类别,从2类开始,直至5~6类,观察各类特征,包括类中心、频数等,并将各种情况反复比较,最后确定最能反映研究对象本质特征的类别数量。

(3)类别命名。采用最能反映各类本质特征的文字,对各个类别进行命名。例如,上述研究学生消费态度的问题发现了4个具有明显特征的类别,即:低收入—态度低调、低收入—态度高调、中高收入—态度低调、中高收入—态度高调。然后对这4个类别命名,即:低收入低调类、低收入高调类、高收入低调类、高收入高调类。

(4)继续分析各类特征。对各个类别按照性别、专业、所在地区、月消费额进行关联分析,发现了一些有意思的现象,就是高调类别的月消费不一定高,而低调类别的月消费不一定低。

(5)发现问题。根据上述分析和专业经验,发现在高收入群体和低收入群体中既存在态度上希望节俭实际上也节俭的群体,同时也存在态度上希望追求奢侈而实际上不节俭的现象。同时也发现高收入家庭学生与低收入家庭学生的标准不一样,部分高收入家庭学生在态度上希望节俭而实际消费不算节俭,部分低收入家庭学生在态度上希望追求奢侈而实际上消费较低。结合对学生进行的访谈调查,尽管部分家庭收入较高的学生有炫耀倾向在预料之中,同时也进一步证实了部分困难学生存在虚荣倾向的数据分析结论,这就为学生工作的开展提供了科学依据。

需要注意的是,上述过程往往不是一次性完成,而是经过多次反复。按照常理,对于这个问题的聚类变量,首先想到的是月收入额和月消费额这两个变量,在进行了一个轮次的分析后,发现按照上述方法更能发现问题,符合大学生思想教育的研究目的。由此可见,数据分析工作是一项十分艰巨的工作,同时对分析人员的综合素质要求较高,绝不是只对统计软件的操作和结果的解释就可以。

6.3.1.2 聚类分析案例

在某校对 2007 年入学新生的调查中,有两个关于入学前后态度比较的问题,然后将其赋值,如表 6-9 所示。

表 6-9 某学校对 2007 年新生入学前后态度变化的调查

问题	赋值			
	4	3	2	1
当你拿到本校的录取通知书后的感觉是:	非常高兴	意料之中,反应平淡	不来就没学上	比较失望
当你入学后对本校的感觉是:	比想象中理想	基本一样	不知道	比想象中糟糕

根据学生的"录取高兴度"和"入学后对学校的满意度"这两个指标进行聚类分析,以研究不同态度的学生群体分类情况。经过反复尝试,在分为 5 类时发现了一些规律,根据聚类结果的最终类中心特点和各类人数,整理结果如表 6-10 所示。

表 6-10 根据两个指标聚类后得出的类别特征

类别序号	典型指标组合	群体命名	人数	比率(%)
1	(3+3)意料之中反应平淡+与入学前基本一样	不出所料	3 664	51.6
2	(2+1)不来就没学上+比想象中的糟糕	失望	891	12.6
3	(3+1)意料之中反应平淡+比想象中的糟糕	无奈	1 384	19.5
4	(4+4)非常高兴+比想象中理想	兴高采烈	472	6.6
5	(1+4)不来就没学上+比想象中理想	复生希望	688	9.7
	合计		7 099	100

在聚类之后形成一个新的变量,取名为"入学态度群体",取值为上述 5 个群体,然后通过各种方法,包括列联表、卡方检验、相关分析和方差分析等,分析各个群体与性别、专业、家庭收入、所在地区等其他变量的关系,并从中找出规律。图 6-2 为各个群体的家庭收入,可以看出,乐观程度高的学生家庭平均收入较低。

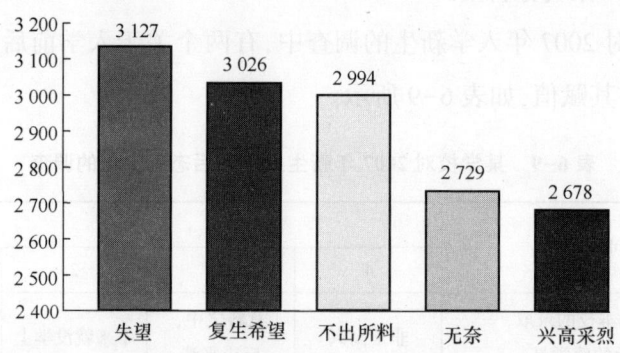

图 6-2 不同群体的平均家庭收入与入学态度的关系(元)

6.3.2 类别变量和定量变量的聚类

6.3.2.1 方法简介

如果已经将研究对象按照某个类别变量进行分组,而其具有多个属性,都可以用连续变量度量,这种情况可以采用二步聚类法。前已述及,分析不同组别的定量属性差异,可以采用方差分析方法,但是方差分析只是在各个组别之间比较平均数,难以在组别内部继续划分类别。采用二步聚类方法的步骤与上述类似,关键是要设定分组数量,进行操作后观察各个组别的数据特征,往往要尝试多次。所不同的是,尝试的类别数量要大于等于组别数量。例如:调查对象数据按某指标分 3 个组,则所设定的类别数量从 3 开始,分别尝试 4 类、5 类、6 类的情况,通过观察各种分类数量的数据特征,最后确定合适的分类。

6.3.2.2 举例

分析某专业学生的某课程考试成绩,对两个变量进行聚类,一是性别,二是成绩。类别数量从 2 开始,尝试 3 类、4 类、5 类和 6 类,最后确定 4 类最具典型特征。结果输出 3 张表,为表 6-11、表 6-12 和表 6-13。

显然,不应将上述输出结果的 3 张表直接搬到分析报告中,需要将其综合,同时根据各类的特点进行命名,形成综合表,如表 6-14 所示。

6 变量的综合与群体分类

表 6-11　聚类分布

聚类	人数	比率(%)
1	14	17.7
2	31	39.2
3	13	16.5
4	21	26.6
组合	79	100.0

表 6-12　各类别成绩均值

聚类	成绩	
	均值	标准差
1	91.50	4.816
2	65.74	12.678
3	69.62	8.761
4	90.10	4.277
组合	77.42	15.012

表 6-13　各组人数统计

聚类	男		女	
	人数	百分比(%)	人数	百分比(%)
1	14	31.1	0	0
2	31	68.9	0	0
3	0	0	13	38.2
4	0	0	21	61.8
组合	45	100.0	34	100.0

表 6-14　学生的性别与某课程成绩分类统计

类别	类名	平均成绩	人数	百分比(%)
1	男生高成绩	91.50	14	17.7
2	男生低成绩	65.74	31	39.2

续表

类别	类名称	平均成绩	人数	百分比(%)
3	女生低成绩	69.62	13	16.5
4	女生高成绩	90.10	21	26.6
	合计	77.42	79	100

分析后形成了一个新的变量,称为"类名称",再利用它分析这个变量与其他变量的关联,如政治面貌、家庭收入等。

6.3.3 若干分类变量的聚类

6.3.3.1 方法简介

对于定性聚类方法的研究,在理论上内容比较丰富。在统计学领域主要是基于粗糙集理论的等价概念,按照"物以类聚、人以群分"的基本思想,在处理定性数据时,按照样本在属性集上取值的相同性或相似性来划分类别。由于这种方法所得聚类结果较多而不具备实际应用意义。朱建平和曾玉珏(2007)指出了这一问题,提出了计算属性重要性的方法,通过去掉属性集中相对不重要的属性,而仅利用影响聚类的重要属性进行聚类。这种方法在一些领域具有应用价值,但是又产生了一个新的问题。通过数据分布特征认为不重要的属性,在实际意义中可能很重要。如果某属性的取值分布比较集中,离散性差,则该属性就作为不重要属性,但是这种属性在实际中往往很重要。典型的例子如:对干部的衡量通过德、勤、绩、能4个属性,每个属性的取值为好、中、差3个等级,在现实的评分中,可能德这个属性无人被评为差,而其他3个指标的3个取值分布都相对均匀,但是德却是最重要的属性。

微软公司提出的期望最大化(Expectation Maximization, EM)算法是一种比较简单且实用的方法。该方法是使用概率度量的方法,将每个类(维度)作为一个数据分布,其分布形状为钟形曲线。然后计算各样本归属某类的概率。这种方法的聚类边界允许模糊,样本不被唯一地归入某类,而是以某概率被归入某类,属于软聚类。这种方法的类别数量可以调整,对于从整体上考察定性数据分布特点、从全局上把握事物特征很有帮助,其最大的局限也是因其是软聚类,一般不去研究样本个体具体属于哪一类。

6.3.3.2 举例

某项目旨在研究中小企业的发展环境,为此设计了一份调查问卷,其中调查企业对创新服务的态度问题如下:

题27:贵企业创业过程中通常面临的主要障碍有哪些(可多选):

A. 人才　B. 资金　C. 市场准入　D. 市场开拓　E. 信息不对称　F. 其他_____

题28:贵企业在创业期间最需要得到哪些服务(可多选):

A. 提供创业政策咨询　B. 创业辅导　C. 创业培训　D. 其他_____

题29:贵企业希望得到的园区帮助(可多选):

A. 加大政策优惠力度　B. 进一步改善基础设施　C. 专家技术咨询　D. 技术信息　E. 与科研机构间的联系渠道　F. 技术创新成果交易渠道　G. 资金支持　H. 公共技术服务　I. 其他_____

利用 SQLServer2005 完成相应步骤,在相应的算法参数配置界面配置参数,如图 6-3 所示。按照要求完成聚类,得到表 6-15 的聚类结果,然后根据各类别特征对类别命名,再统计其数量和频率,如表 6-16 所示。

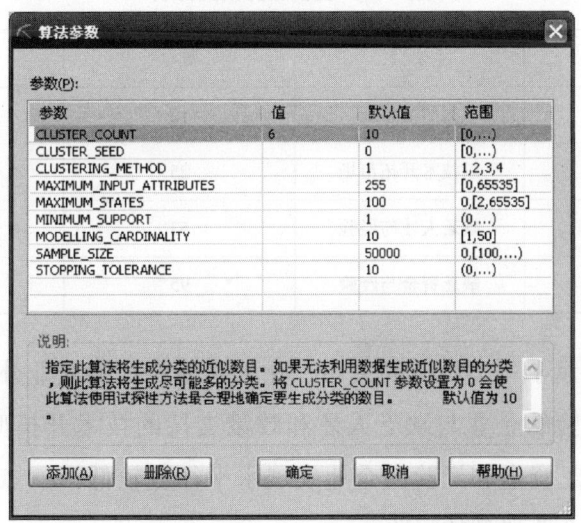

图 6-3　利用 SQLServer 进行聚类分析的参数设置

表 6-15 创新服务聚类结果

类别	首选项目		第二选项目		第三选项目	
	名称	比率(%)	名称	比率(%)	名称	比率(%)
一类	创业咨询服务	37.2	市场开拓	30.8	资金	28.3
二类	技术信息	66.8	市场开拓	60.1	创业辅导	58.8
三类	人才障碍	79.7	创业咨询服务	69.2	创业培训	63.0
四类	资金	93.1	创业咨询服务	84.9	加大政策优惠	67.8
总体	资金障碍	54.1	创业咨询服务	48.1	技术信息	47.5

从表 6-16 中可以看出各个类别的特征和频率统计。一类企业数量很少,选择的因素无明显聚集性且比率较低。二类企业以获取技术信息、接受创业辅导为重点,同时辅助以政策优惠,表现了此类企业意在利用技术创业,同时希望减少政策阻力的态度。三类企业表现出较明显的人才缺失和创业问题,体现出该类企业招贤纳士的期望以及提升人才管理的方案。四类企业表现出较明显的资金不足和创业技术问题,表现出此类企业处于比较基本的发展水平,需要提升的方面较多,从比例上来看,该类企业也是最多的。

表 6-16 创新服务聚类分析

类别	主要特征	数量	比率(%)
一类	无明显特征	10	5.4
二类	以技术开拓市场	25	13.7
三类	缺乏人才与经验	53	29.0
四类	缺乏资金与经验	95	51.9

图 6-4 展示了 4 类企业的关系。除无明显特征的企业外,比例最大的缺乏资金和经验的企业与缺乏人才和政策支持的技术开拓型企业具有联系。这说明缺乏资金和经验的企业发展水平往往较低,在一定时期后也会遇到另外两类企业遇到的问题。

6 变量的综合与群体分类

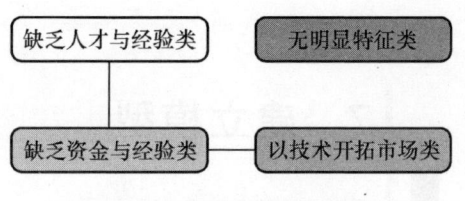

图 6-4 创新服务聚类关系

用这种方法聚类,不像 SPSS 那样可以自动生成一个类别变量,将各行数据分别标出类别。如果必要的话,采用在图 6-4 中相应的类别框中利用"钻取"方法查到该类别的各行数据,然后人工在各行数据上标出类别,如果数据量较大的话,很费时间,这也给进一步分析各类别的特征带来了困难。

习　题

一、请分析多变量数据汇总方法中算术平均法的优越性和局限性。

二、试说明态度指标熵权大小与被调查者之间的关系。

三、举例说明如何采用 K-means 算法进行聚类定量分析。

四、查阅文献,列举境外游客来华旅游动机的几大类型,用于制作相应调查问卷。

7 建立模型

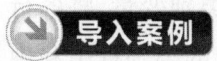

大学新生专业选择倾向的调查

某高校经济管理学院设有工商管理、金融学、金融保险、信息管理与信息系统等专业。经过多年观察,发现持有城镇户口和农村户口的男女新生在选择报考专业时存在一定的差异。在本例中,性别(男生、女生),户口类别(城镇户口、农村户口)与报考专业(工商管理等)之间可能具有解释和被解释的关系,可以考虑采用 Logistic 模型和判别分析模型来做深入的分析。

在分析两个及以上定性离散变量时,要通过某种方法将若干变量的分布及其关系展示出来。一般来说,只是展示变量的分布,称之为描述。如果从某角度,通过参数、公式、图形等工具展示变量之间的关系,则称之为建模。

描述和分析两个及以上的定性变量的关联,可以采用列联表、相关分析、对数模型、关联规则、Logistic 模型、判别分析、决策树、定性变量的聚类等方法。如果变量之间具有或可能具有解释和被解释、原因和结果的关系,可以采用 Logistic 模型和判别分析模型,否则不宜采用该方法。

7.1 无因果关系的多元变量描述与建模

前已说明,如果不认为变量之间具有解释和被解释、原因和结果的关系,可以采用相关分析、列联表配合对数模型、关联规则等方法。列联表具有直观、描述全面的特点,与之配合的卡方检验可以从变量数据的整体分布差异性的角度确定变量之间的相关性,而相关分析定量给出了相关程度,对数模型进一步给出了变量在取值层面的交互效应,也就是提供了分析变量之间交互作用机制的途径。

如果所研究的变量不多,如 2~5 个,而且需要详细研究变量之间各个取值组合的关系,详细研究变量之间的交互作用,一般采用对数线性模型方法。如果所研究的变量较多,如多达 10 个以上,可以采用关联规则方法,而且数据表的行数(样本容量 n)越大,越可以发挥关联规则方法的优越性。具体介绍见本书第 4 章。

7.1.1 多维列联表展示数据分布

多维列联表是描述多维定性变量分布的最简单工具,但是一般变量的维数不宜过多,如 3~5 个,否则看上去比较乱,而且要求的数据量较大。采用列联表的方式可以直观地展示数据的分布情况,数据量一定要足够,否则在进行卡方检验时效率较低。一般要求样本数量小于 5 的交叉格不应少于 25%,但是常常难以做到。例如,描述学生的户口、专业、性别这 3 个变量的分布状况,交叉列联表如表 7-1 所示。

表 7-1 户口 * 专业 * 性别交叉制表

性别			专业				合计
			信息管理与信息系统	金融学	金融保险	工商管理	
男生	户口	城镇 户口	计数	24	26	11	121	182
			户口中的%	13.2%	14.3%	6.0%	66.5%	100.0%
		农村 户口	计数	6	2	4	20	32
			户口中的%	18.8%	6.3%	12.5%	62.5%	100.0%
	合计		计数	30	28	15	141	214
			户口中的%	14.0%	13.1%	7.0%	65.9%	100.0%

续表

性别			专业				合计
			信息管理与信息系统	金融学	金融保险	工商管理	
女生	城镇户口	计数	22	34	46	358	460
		户口中的%	4.8%	7.4%	10.0%	77.8%	100.0%
	农村户口	计数	2	0	0	46	48
		户口中的%	4.2%	0%	0%	95.8%	100.0%
	合计	计数	24	34	46	404	508
		户口中的%	4.7%	6.7%	9.1%	79.5%	100.0%

一般交叉列联表都要配合卡方检验，表7-1数据分布的卡方检验为表7-2。从表7-2中可以看出，男生组的Pearson卡方值为3.628，渐进概率为0.305，接受差异不显著的原假设。也就是在男生组中，不同户口的学生对于专业选择的差异不显著。女生组的渐进概率为$0.017<0.05$，说明在女生组中不同户口的学生在不同专业中的分布差异显著。观察表7-1可以看出，在女生组农村户口的学生中没有金融学和金融保险专业的学生，而女生城镇户口学生分别有7.4%和10%的学生在这两个专业中。

表7-2 户口、专业、性别数据分布的卡方检验

性别		值	df	渐进 Sig.（双侧）
男生	Pearson 卡方	3.628[a]	3	0.305
	似然比	3.601	3	0.308
	线性和线性组合	0.105	1	0.746
	有效案例中的 N	214		
女生	Pearson 卡方	10.155[b]	3	0.017
	似然比	17.591	3	0.001
	线性和线性组合	4.737	1	0.030
	有效案例中的 N	508		

a. 3 单元格(37.5%)的期望计数少于5。最小期望计数为2.24。
b. 3 单元格(37.5%)的期望计数少于5。最小期望计数为2.27。

为了更明确地说明问题,可以在变量两两之间进行卡方检验,性别与专业的数据分布卡方检验的渐进 Sig. 为 0.000,说明不同性别在专业中的分布差异显著。从表 7-1 中可以看出,男生明显比女生更偏向选择信息管理与信息系统专业和金融学专业。户口与专业的数据分布卡方检验的渐进 Sig. 为 0.09,差异一般显著。前面已经说明,在女生中,户口与专业的数据分布差异显著,而男生不显著。

7.1.2 相关分析

相关分析的操作比较简单,定性变量可以采用列联表系数或采用 Kendall 相关分析,这里要提示的是,要根据具体情况采用偏相关分析,否则结论有误。例如,对职称、教育程度、年龄和性别这 4 个变量进行相关分析,其相关系数如表 7-3 所示。

表 7-3 职称等因素的 Kendall(tau_b)相关系数

		职称	教育程度	年龄	性别
职称	相关系数	1.000	0.055	0.597**	-0.060
	Sig.(双侧)	0.000	0.293	0.000	0.272
	N	299	296	299	299
教育程度	相关系数	0.044	1.000	-0.195**	-0.236**
	Sig.(双侧)	0.293	0.000	0.000	0.000
	N	296	298	298	298
年龄	相关系数	0.597**	-0.195**	1.000	0.056
	Sig.(双侧)	0.000	0.000	0.000	0.298
	N	299	298	301	301
性别	相关系数	-0.060	-0.236**	0.056	1.000
	Sig.(双侧)	0.272	0.000	0.298	0.000
	N	299	298	301	301

**在置信度(双侧)为 0.01 时,相关性是显著的。

从表 7-3 可以看出,职称和受教育程度基本无关,相关系数为 0.055,但是这又不符合常识,原因出在何处?初步判断是由于受到了一个与职称密切相关的变量,即年龄的影响。经验表明,年龄大者学历偏低但是职称偏高,所以在分析职称和受教育程度时,就要排除年龄的干扰。采用偏相关分析,将年龄作为控制变量,结果如表7-4所示。

表7-4 控制年龄后教育程度与职称的偏相关性

控制变量:年龄		教育程度	职称
教育程度	相关性	1.000	0.311
	显著性(双侧)	0.000	0.000
	df	0	293
职称	相关性	0.311	1.000
	显著性(双侧)	0.000	0.000
	df	293	0

采用偏相关分析,将"年龄"作为控制变量,即固定不变。从表7-4中可以看出,当控制了"年龄"这个变量后,职称与教育程度具有比较低度的正相关。

7.1.3 对数线性(ln)模型

7.1.3.1 对数线性模型简介

对数线性模型可以用于对列联表单元格中统计数据的频数或频率进行模型分析和拟合,其目的是描述和分析变量之间的独立性与关联模式,卡方检验从数据分布的角度说明了两个变量之间的独立性,而对数模型更进一步从变量取值的层次说明了变量之间的相互影响机制。在分析中,二者可以互相结合。下面以三维变量为例说明。

设有3个同等位置的离散变量A,B,C,其取值分别为$i(i=1,2,3,\cdots,I)$, $j(j=1,2,3,\cdots,J)$, $k(k=1,2,3,\cdots,K)$。所谓同等位置,是指同为结果变量或同为因子变量,它们之间可能存在相互影响关系,即交互作用,但是不区分原因和结果、解释和被解释关系。在列联表中任意单元格的频数为

μ_{ijk},频率为 P_{ijk},参数 α, β, δ 为对单元格频数或频率有影响的 3 个变量,3 个变量取值的独立影响因子(主效应)分别为:$\alpha_i, \beta_j, \delta_k$,3 个二项交互影响因子(交互效应)为:$(\alpha\beta)_{ij}, (\alpha\delta)_{ik}, (\beta\delta)_{jk}$,一个三项交互影响因子为:$(\alpha\beta\delta)_{ijk}$。由于在一套数据中,样本数 n 是固定的,所以产生了因子冗余问题。例如,性别的取值为{男,女},只要知道任意取值因子,另一取值就已经确定,所以就需要对冗余因子进行约束。约束方法有二:一是规定每个水平的最后水平的因子为零,二是规定每个水平的因子合计为零。下面分别介绍频数对数模型和频率对数模型。当然,上述因子在不同的模型中取值不同,此处为了减少符号用量,不再采用另一套符号。

频数对数模型如下:

$$\ln\mu_{ijk} = c + \alpha_i + \beta_j + \delta_k + (\alpha\beta)_{ij} + (\alpha\delta)_{ik} + (\beta\delta)_{jk} + (\alpha\beta\delta)_{ijk}$$,其中 c 为常数

本模型的约束条件是变量的最后取值效应为 0,以下式表达:

$$\alpha_I = \beta_J = \delta_K = 0,$$
$$(\alpha\beta)_{Ij} = (\alpha\beta)_{Ik} = (\beta\delta)_{Jk} = 0,$$
$$(\alpha\beta\delta)_{Ijk} = (\alpha\beta\delta)_{iJk} = (\alpha\beta\delta)_{ijK} = 0$$

频率对数模型如下:

$$\ln P_{ijk} = \overline{\ln P_{ijk}} + \alpha_i + \beta_j + \delta_k + (\alpha\beta)_{ij} + (\alpha\delta)_{ik} + (\beta\delta)_{jk} + (\alpha\beta\delta)_{ijk}$$

$$\overline{\ln P_{ijk}} = \frac{1}{IJK}\sum_{i=1}^{I}\sum_{j=1}^{J}\sum_{k=1}^{K}\ln P_{ijk}$$

本模型的约束条件是每个水平的因子合计为零,以下式表达:

$$\sum_{i=1}^{I}\alpha_i = \sum_{j=1}^{J}\beta_j = \sum_{k=1}^{K}\delta_k = 0$$

$$\sum_{j=1}^{J}(\alpha\beta)_{Ij} = \sum_{k=1}^{K}(\alpha\delta)_{Ik} = \sum_{k=1}^{K}(\beta\delta)_{Jk} = 0$$

$$\sum_{j=1}^{J}\sum_{k=1}^{K}(\alpha\beta\delta)_{Ijk} = \sum_{i=1}^{I}\sum_{k=1}^{K}(\alpha\beta\delta)_{iJk} = \sum_{i=1}^{I}\sum_{j=1}^{J}(\alpha\beta\delta)_{ijK} = 0$$

7.1.3.2 对数模型举例

SPSS 在对数线性模型(Loglinear)菜单下有 3 个模块。第一个模块是常规对数模型,也称广义对数线性模型,其参数估计值(E)是对交叉表单元格中频数的模拟。第二个模块是选择对数模型,即可以选择变量层次,其参数

估计值(P)是对频率的模拟。在对问题的研究中,频率更能说明问题,所以倾向于选择对数线性模型。第三个模块是 Logit 回归,区分因变量和自变量,我们在下面介绍。

以上述对学生的调查数据为例,3 个变量为性别、户口和专业。采用对数线性模型(Loglinear)菜单下的选择模型(ln selection),并采用默认的饱和模型,选择模型提供了变量的选择范围,操作窗口如图 7-1 所示。

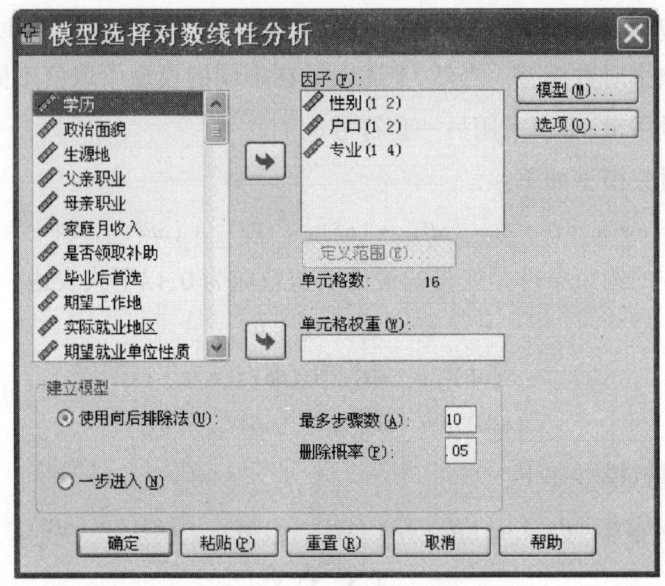

图 7-1 对数模型操作示例

现在简要解释一下饱和模型和定制。饱和模型包含所有因子的主效应以及所有因子与因子的交互作用。对于饱和模型,可以选择参数估计值。参数估计值可以帮助确定从模型中删除哪一项。此外还有一个可用的关联表,其中列出了偏关联检验。选择定制可以为不饱和模型指定生成类。生成类是因子出现的最高阶项的列表。一个分层模型包含定义生成类和所有低阶相关性的项。假设您在"因子"列表中选择了变量 A、B 和 C,然后在"构建项"下拉列表中选择了交互。生成的模型将包含指定的三阶交互 $\alpha*\beta*\delta$,二阶交互 $\alpha*\beta$、$\alpha*\delta$ 和 $\beta*\delta$,以及 3 个主效应 α、β 和 δ。不要在生成类中指定低阶相关性。

表 7-5 为检验模型是否存在高阶效应,原假设高阶效应与 0 差异不显著,结果是一阶和二阶的 Sig. 都为 0,所以一阶效应和二阶效应极其显著,三阶的似然比卡方和皮尔森卡方的相伴概率都大于 0.001 但小于 0.05,可以认为存在比较明显的 3 阶效应。

表 7-5　K-Way 和高阶效果

	K	df	似然比		Pearson		迭代数
			卡方	Sig.	卡方	Sig.	
K-way 和高阶效果[a]	1	15	1 483.172	0.000	2 613.402	0.000	0
	2	10	52.467	0.000	48.096	0.000	2
	3	3	12.632	0.006	10.811	0.013	3
K-way 效果[b]	1	5	1 430.706	0.000	2 565.306	0.000	0
	2	7	39.834	0.000	37.285	0.000	2
	3	3	12.632	0.006	10.811	0.013	0

a. 检验 K-way 和高阶效果是否为零;
b. 检验 K-way 效果是否为零。

在确定了具有高阶效应后,再进一步通过偏关联检验具体变量之间的组合效应,即将某变量作用消除后再检验另外两个变量的交互效应。3 个变量的两两组合共有 3 种,这 3 种的二阶效应不一定相同,如表 7-6 所示。从表 7-6 中可以看出,性别与专业的交互作用最明显。

表 7-6　偏关联检验

效果	df	偏卡方	Sig.	迭代数
性别 * 户口	1	5.018	0.025	2
性别 * 专业	3	27.471	0.000	2
户口 * 专业	3	8.559	0.036	2
性别	1	123.267	0.000	2
户口	1	498.116	0.000	2
专业	3	809.323	0.000	2

设性别的取值为 $i(i=1,2,$ 分别表示:男,女),户口的取值为 $j(j=1,2,$ 分别表示:城镇,农村),专业的取值为 $k(k=1,2,3,4,$ 分别表示:信管,金融,

保险,工商)。本例模型为：

$$\ln P_{ijk} = \overline{\ln P_{ijk}} + 性别_i + 户口_j + 专业_k + (性别*户口)_{ij} + (性别*专业)_{ik} + (户口*专业)_{jk} + (性别*户口*专业)_{ijk}$$

按照约束要求可以列出约束条件,此处从略。上式中系数可以从参数估计值表中得出,见表7-7。

表7-7 参数估计

效果	参数	估计	标准误	Z	Sig.	95%置信区间	
						下限	上限
性别*户口*专业	1	0.195	0.204	0.957	0.339	-0.204	0.594
	2	-0.056	0.314	-0.178	0.859	-0.671	0.560
	3	-0.486	0.307	-1.582	0.114	-1.088	0.116
性别*户口	1	-0.413	0.147	-2.810	0.005	-0.700	-0.125
性别*专业	1	0.180	0.204	0.882	0.378	-0.220	0.579
	2	0.256	0.314	0.815	0.415	-0.360	0.872
	3	0.120	0.307	0.390	0.697	-0.482	0.722
户口*专业	1	-0.332	0.204	-1.630	0.103	-0.732	0.067
	2	0.435	0.314	1.387	0.166	-0.180	1.051
	3	0.154	0.307	0.503	0.615	-0.448	0.757
性别	1	0.080	0.147	0.547	0.584	-0.207	0.368
户口	1	1.213	0.147	8.264	0.000	0.925	1.501
专业	1	-0.273	0.204	-1.342	0.180	-0.673	0.126
	2	-0.788	0.314	-2.510	0.012	-1.404	-0.173
	3	-0.775	0.307	-2.524	0.012	-1.377	-0.173

从表7-7中可以看出,三项交互作用因子(性别*户口*专业)在3个水平上的检验结果为不显著,即与0的差异不显著,所以模型认为其值为0。

再看3个单项参数。性别的两个取值的影响因子为:$\alpha_1 = 0.08$,相应地,$\alpha_2 = 0 - 0.08 = -0.08$。由检验结果可以看出,$\alpha_1$的数值与0差异不显著,所以性别在整个模型中的作用不显著。户口两个取值的影响因子为:$\beta_1 = 1.213$,$\beta_2 = 0 - 1.213 = -1.213$。这个结论很好解释,就是在各个单元格中,城镇户口明显有助于提升数据比率,不论从性别的角度还是专业的角度,都是城镇户口的人数比率高。

4个专业因子为:

$$\delta_1 = -0.273,$$
$$\delta_2 = -0.788,$$
$$\delta_3 = -0.775,$$
$$\delta_4 = 0 - (-0.273) - (-0.788) - (-0.775) = 1.836$$

其中,专业为信息管理与信息系统的因子与0差异不显著,其他3个专业具有影响,解释从略。

本模型在三项交互作用因子与0差异不显著的情况下,比较有意义的是分析二项交互因子。(性别*户口)在1水平下,即性别为男性,户口为城镇的因子(性别*户口)男*城镇=-0.413,显著性系数为0.005,说明影响显著,即男性学生与城市户口的作用相反,在城市户口中男性学生分布比率低;相应的因子(性别*户口)男*农村=(性别*户口)女*城市=0-(-0.413)=0.413,说明学生中城市户口和女生具有正向增加作用。为了进一步说明本问题,可以配合交叉表和卡方检验,性别与户口交叉表见表7-8。

表7-8 性别*户口交叉表

性别	统计	户口		合计
		城镇户口	农村户口	
男生	计数	182	32	214
	性别中的%	85.0%	15.0%	100.0%
	户口中的%	28.3%	40.0%	29.6%
女生	计数	460	48	508
	性别中的%	90.6%	9.4%	100.0%
	户口中的%	71.7%	60.0%	70.4%
合计	计数	642	80	722
	性别中的%	88.9%	11.1%	100.0%
	户口中的%	100.0%	100.0%	100.0%

在表7-8中,从性别的角度观察,男生在城镇的比率是85%,女生在城镇的比率是90.6%,女生高于男生;从户口的角度看,城镇户口中女生的比率为71.7%,农村户口中女生的比率为60.0%,Pearson卡方系数为0.031,说明大学生中性别在户口所在地的分布差异显著。这个现象定性很好解释,与日常经验吻合。交叉表和卡方检验是从数据分布的静态角度说明现象特征,而模型是从动态角度说明现象特征。当然,从动态角度研究,变量的取值如果具有动词特征更有意义。具体到本案例,可以解释为:"城镇氛围比农村更有助于让女生上大学,农村相比城镇更有助于让男生上大学,其提升系数都是0.413。"

再看看"性别×专业"和"户口×专业"的影响,卡方检验说明,在专业的各个水平上,性别和户口的影响都不显著,其中,"户口×专业"在1水平上的系数,即"城镇×信息管理"的系数为−0.332,相伴概率为0.103,刚刚超出具有一般差异显著性(0.100)的边界,可以解释为"城镇学生相比农村学生,不太喜欢选择信息管理与信息系统专业,但是特征不是很明显"。

最后还要说明一下模型的拟合程度。对于饱和模型,预测值和观测值相等,残差和标准残差都为0,故结果列表省略。对于模型的拟合优度检验,包括卡方检验和Pearson检验,原假设是模型预测值与观测值差异不显著,如果显著性值小于0.05,则拒绝原假设,说明模型不适合,如果显著性大于0.05,最好更大,则接受原假设,模型适合观测数据。如果完全适合,则卡方=0,显著性值为1,系统不显示。对于饱和模型,没有必要做这一步。

7.2 多元因果解释预测模型

前述对变量的描述和建模是基于不区分变量之间因果关系的基础,变量之间的因果关系由专业领域分析确定。对于因变量是定性变量,自变量可以是定性或定量变量的回归分析,则应采用区分自变量和因变量的预测模型。如果因变量的取值为两项,一般采用Logistic回归模型,如果因变量的取值为三项或以上,可以仍然采用Logistic回归模型,但最好采用判别分析模型。

7.2.1 因变量为二分变量的 Logistic 回归

因变量取值为两个数值,一般用取值为(1,0)的虚拟变量表示。

7.2.1.1 二元 Logistic 回归模型简介

Logistic 模型的形式为:

$$f(x) = \frac{e^x}{1+e^x}$$

设二分定性变量为 Y,转化为虚拟离散变量,取值为(1,0),自变量为 X_i ($i=1,2,\cdots,k$)。设 P 为因变量 Y 取值 1 的概率,根据 Logistic 函数的形式,其 P 的 Logistic 模型为:

$$P = \frac{\exp(B_1X_1 + B_2X_2 + \cdots B_iX_i + \cdots B_kX_k + C)}{1 + \exp(B_1X_1 + B_2X_2 + \cdots B_iX_i + \cdots B_kX_k + C)}, 其中 C 为常数$$

做进一步推导如下:

$$1 - P = \frac{1}{1 + \exp(B_1X_1 + B_2X_2 + \cdots B_iX_i + \cdots B_kX_k + C)}$$

$$\frac{P}{1-P} = \exp(B_1X_1 + B_2X_2 + \cdots B_iX_i + \cdots B_kX_k + C)$$

一般将某事成功概率与不成功概率的比值,即 $P/(1-P)$ 称为"胜算"(也称优势比),Logistic 回归模型实际上是胜算对数的线性回归,即:

$$\ln\left(\frac{P}{1-P}\right) = B_1X_1 + B_2X_2 + \cdots B_iX_i + \cdots B_kX_k + C$$

对模型的检验包括对模型整体的检验和各个参数的检验两大部分。对模型整体的检验方法有模型系数综合检验(Omnibus Tests of Model Coefficients)、模型的拟合优度判别和霍斯曼—莱蒙检验(Hosmer-Lemeshow Test)。模型系数综合检验采用卡方检验方法,相伴概率(Sig.)小于显著性水平(默认为 0.05),说明回归模型系数差异显著,至少有一个自变量的系数可以有效解释因变量。模型的拟合优度判别用判别系数 R^2 表示,R^2 在 [0,1] 之间,数值越大,表示模型的拟合程度高,具体说明在模型中,自变量可以解释胜算比的对数的数值变异的百分比。这里给定一个初步定性划分的标准如下:

$0.8 \leqslant R^2$，模型的拟合性很好；

$0.5 \leqslant R^2 < 0.8$，模型的拟合性中等；

$0.3 \leqslant R^2 < 0.5$，模型的拟合性较低，自变量与因变量具有较低程度的相关；

$R^2 < 0.3$，说明本模型基本没有拟合性，考虑换用其他方法。

对于各个参数的检验，采用 Wald 检验，当 Wald 检验值的相伴概率(Sig.)小于显著性水平(默认 0.05)时，表明该自变量与因变量之间具有显著关联，系数反映了关联的方向和程度。

7.2.1.2 二项 Logistic 回归举例

下面以前述职称问题为例。职称是一个多分名义变量，具有 4 种区分：助教、讲师、副教授、教授。将性别、年龄和教育程度 3 个变量作为自变量，将职称这个四分名义变量转化为二分名义变量，即"是否高级职称"，副教授和教授作为"是"，讲师和助教作为"否"。表 7-9 是各个系数的检验。

表 7-9 变量在方程式中

变量	B	S.E.	Wald	df	Sig.
性别(S)	-0.220	0.321	0.471	1	0.493
年龄(A)	2.158	0.257	70.337	1	0.000
教育程度(E)	0.691	0.260	7.070	1	0.008
常量	-6.458	1.172	30.388	1	0.000

由表 7-9 可见，自变量"性别"的相伴概率为 0.493，显然远远大于显著性水平，接受该变量系数与零差异不显著的假设，所以将其剔除，自变量只选择年龄和教育程度，继续进行回归。表 7-10 为观测数据和预测数据的分类比较表。

从表 7-10 中可以看出，观测值为"否"的组，预测分类的正确性为 84.6%，观测值为"是"的组，预测分类的正确性为 70.1%，总体预测的正确性为 78.4%。分类表与含有性别的回归相同，不再列出。表 7-11 为模型系数的综合检验，显著性很高，说明模型系数至少有一个可以解释因变量。在

表 7-12 的模型汇总中采用最大似然估计,Cox & Snell R^2 和 Nagelkerke R^2 都是表示模型的拟合程度,即自变量与因变量之间的关联强度,说明年龄和教育程度这两个自变量与是否高级职称具有低等程度相关,模型的拟合程度较低。表 7-13 的 Hosmer 和 Lemeshow 检验的相伴概率为 0.421,远大于显著性水平,说明依靠本模型的预测值与观测值的差异不显著,也表示模型的适配度很好。

表 7-10 分类表

		已观测	已预测		
			是否高级职称		百分比校正（%）
			否	是	
步骤 1[a]	是否高级职称	否	143	26	84.6
		是	38	89	70.1
	总计百分比				78.4

a. 切割值为 0.500。

表 7-11 模型系数的综合检验

		卡方	df	Sig.
步骤 1	步骤	125.237	2	0.000
	块	125.237	2	0.000
	模型	125.237	2	0.000

表 7-12 模型汇总

步骤	-2 对数似然值	Cox & Snell R^2	Nagelkerke R^2
1	279.127[a]	0.345	0.463

a. 因为参数估计的更改范围小于 0.001,所以估计在迭代次数为 5 处终止。

表 7-13 Hosmer 和 Lemeshow 检验

步骤	卡方	df	Sig.
1	6.018	6	0.421

表7-14是模型的各个变量的系数和常数的数值及其检验,由表7-14可以看出,年龄、教育程度和常数的相伴概率都远小于显著性水平,具有显著性,可以在模型中解释因变量。

表7-14 方程中变量的系数检验

		B	S.E.	Wals	df	Sig.	Exp(B)
步骤1	年龄	2.164	0.257	70.714	1	0.000	8.710
	教育程度	0.745	0.249	8.973	1	0.003	2.106
	常量	-6.942	0.956	52.749	1	0.000	0.001

由表7-14可以看出,年龄和教育程度对于取得高级职称都具有正向作用,而年龄的作用最大,据此可以写出公式。将二分变量设为"1,0"虚拟变量,"1"为"是","0"为"否",P为变量取值为"是"的概率。下述公式中,P为"是高级职称"的概率。

$$\ln\left(\frac{P}{1-P}\right) = 2.164 \times 年龄 + 0.745 \times 教育程度 - 6.942$$

由公式可以计算出自变量每增加一个单位对因变量的影响。年龄的等级共分为4级:

□21~30 □31~40 □41~50 □50岁以上

年龄每增加一个等级,即增加10岁,胜算增加7.71(8.71-1)倍,高级职称的概率增加88.8%,即:

$$\frac{P}{1-P} = 8.71 - 1 = 7.71, P = 0.885 = 88.5\%$$

同理得出,教育程度每增加一个等级,高级职称的概率增加52.5%。

7.2.2 因变量是三分变量的预测解释模型

7.2.2.1 判别分析模型简介

在数据分析中常常需要研究这样的问题,因变量是3项及以上的定性变量,可以通过若干自变量的取值判断和预测因变量的取值。例如,教师的职称分为教授、副教授、讲师及以下3种类别,而教师的其他属性变量有:年龄、性别、学历,在一所大学中,比较有经验的人都可以根据年龄和学历判断出该教师的职称,也许性别作用不大,而判断的准确性可以高达60%~80%,远高于33%的随机概率,这就说明,可以用年龄和学历来解释与预测职称这个变量,但是不能认为所有自变量都与因变量都具有因果关系(尽管可以用自变量解释和预测因变量)。所以这种模型称为一种解释和预测模型,这种方法称为"判别分析",而不是回归分析。再如,菜场小贩将客户分为3类:挑剔、一般、容易对付,而客户的外观属性变量有:性别、年龄(青年、中年、老年)、着装(简朴、一般、讲究),菜场小贩可以根据客户的这3个属性判断客户的类别,其中,女性、老年并着装简朴的客户可能与男性、中年并着装讲究的客户显然不同,判断的准确度很可能高达80%以上。

判别分析(Discriminant Analysis)的作用有两个,一是解释,二是判断。解释是对研究对象整体而言,将研究对象中的某一属性变量作为因变量(被解释变量),其他若干属性变量作为自变量(解释变量),构造模型,通过自变量来解释因变量。判断是对研究对象个体而言,根据研究对象个体的某些属性变量值,将其归为另一个属性变量的某类别。

判别分析要求因变量是具有两项及以上取值的定性变量,在实际应用中以3项为好,例如,满意度分为满意、一般、不满意。自变量要求是比率变量,可以计算平均数和方差,如果采用虚拟变量的方式,自变量也应该是定序变量,尽管理论上不宜采用分类变量转化的虚拟变量,典型的就是"性别",但是在实战中不乏应用,要注意解释需合理。判别分析的主要结果就是若干个线性判别方程,判别方程的个数为:min(自变量个数,因变量组别数-1),并对判别方程做显著性检验,通过显著性检验的判别方程,其自变量系数说明了对因变量解释或判断作用的大小。判别分析具有3点假设,如果数据明显不符合的话,则方程的可靠性较差:一是各个自变量没有高度线性相关,二是各组变量的协方差矩阵相等,三是各个变量之间具有正态分布。

7.2.2.2 判别分析举例

仍以上述职称作为因变量,由于助教这个职称在大学中已经很少,而且是一种过渡阶段,所以将职称分为3种取值是比较合理的,即讲师及以下、副教授、教授。仍然以年龄和受教育程度作为自变量。在选择先验概率时，一般采用系统默认"所有组相等"，根据需要选择"摘要表"，如图7-2所示，组统计量见表7-15。

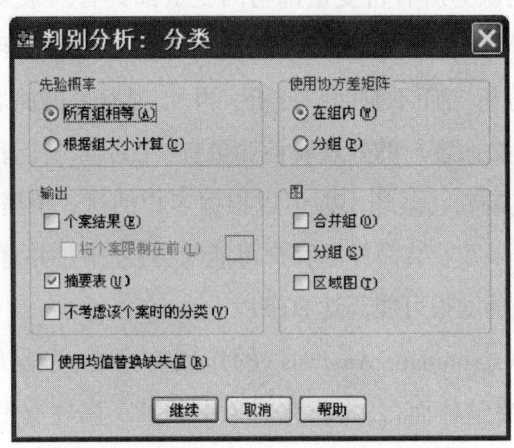

图7-2 做判别分析时先验概率的选择

表7-15 组统计量

职称		均值	标准差	有效的 N(列表状态)	
				未加权的	已加权的
讲师及以下	教育程度	2.02	0.58	169.00	169.00
	年龄	33.82	7.14	169.00	169.00
副教授	教育程度	1.95	0.72	98.00	98.00
	年龄	42.86	6.92	98.00	98.00
教授	教育程度	2.24	0.74	29.00	29.00
	年龄	47.07	5.59	29.00	29.00
合计	教育程度	2.02	0.65	296.00	296.00
	年龄	38.11	8.58	296.00	296.00

由表7-15初步看出，职称高的组别平均年龄较大，但是教育程度差距不明显。表7-16是对各组自变量差异的显著性检验，各组的年龄差异显著，教育程度差异不显著。

表 7-16　组均值的均等性检验

	Wilks 的 Lambda	F	df₁	df₂	Sig.
教育程度	0.985	2.304	2	293	0.102
年龄	0.648	79.559	2	293	0.000

自变量个数 = 2,因变量组别数 = 3,判别函数有两个,其特征值见表 7-17。

表 7-17　特征值

函数	特征值	方差的%	累积 %	正则相关性
1	0.616ª	97.6	97.6	0.617
2	0.015ª	2.4	100.0	0.121

a. 分析中使用了前两个典型判别式函数。

特征值越大,表示函数对因变量的解释力越大,其方差的贡献越大,函数 1 的特征值为 0.616,方差贡献为 97.6%,即可以解释因变量 97.6% 的变异情况;而函数 2 的作用极小,只可以在 2.4% 的程度上解释因变量。表 7-18 为对两个区别函数的显著性检验,"1 到 2"是检验两个区别函数中第 1 个组别函数的显著性,"2"是在排除第 1 个区别函数的影响后第 2 个区别函数的显著性。由表 7-18 可以看出,两个组别函数 Sig. 都小于 0.05,对因变量的解释力都显著。

表 7-18　Wilks 的 Lambda

函数检验	Wilks 的 Lambda	卡方	df	Sig.
1 到 2	0.610	144.744	4	0.000
2	0.985	4.316	1	0.038

自变量在两个函数中的重要性不同,这就是两个函数的主要区别,用标准化区别系数表示自变量在各自函数中的重要性,如表 7-19 所示。

表 7-19　标准化的典型判别式函数系数

自变量	函数	
	1	2
教育程度	0.367	0.987
年龄	1.052	-0.040

自变量的标准化判别系数越大,表示其在该函数中的相对重要性越大,据此可以对函数命名。函数 1 中自变量的系数"年龄"为 1.052,教育程度为 0.367,年龄是教育程度的 2.866 倍。也就是说,函数 1 以年龄为主对因变量进行解释,可以根据函数的特点对其命名,将函数 1 命名为"职称的年龄判别函数",将函数 2 命名为"职称的教育程度判别函数",同时写出函数形式:

职称的年龄判别函数(函数 1)= 0.367 教育程度+1.052 年龄

职称的教育程度判别函数(函数 2)= 0.987 教育程度-0.04 年龄

结合上述特征值分析,函数 1 可以解释因变量 97.6%的变异情况,而函数 2 的作用极小,所以对于职称的预测和解释主要根据函数 1,可将函数 1 命名为"职称的判别函数"。在通过年龄和教育程度对职称的预测中,年龄的重要性是教育程度的 2.866 倍,近似 3 倍,因为是定量分析,也有一个置信区间问题。

本分析的价值在于,通过定量模型,得到了一个大约量化的概念,用通俗的语言表达为:对于学校教师职称的判断,主要通过年龄和学历这两个变量,以年龄为主,其比例约为七分年龄、三分学历。首先是年龄较大者,其次是学历偏高者,其职称较高。具体到对因变量各个取值的判别,可以依据分类函数系数表,如表 7-20 所示。

表 7-20　分类函数系数

自变量	三级职称		
	讲师及以下	副教授	教授
教育程度	8.014	8.517	9.623
年龄	0.937	1.139	1.259
(常量)[a]	-24.508	-33.820	-42.741

a. Fisher 的线性判别式函数。

根据表 7-20 分类函数系数表,分别写出因变量三项取值的表达式:

讲师及以下 = 8.014 教育程度 + 0.937 年龄 - 24.508

副教授 = 8.517 教育程度 + 1.139 年龄 - 33.820

教授 = 9.623 教育程度 + 1.259 年龄 - 42.741

上述 3 个公式的意义在于相对比较,当需要判别某观察值的类别时,将其变量值代入公式,函数值大者代表该观察值的归入类别。例如,某人年龄 45 岁,教育程度博士(取值 = 3),代入上式计算得出:

讲师及以下 = 41.699

副教授 = 42.986

教授 = 42.783

上述副教授的函数值最高,将该教师归入副教授类。

用 SPSS 软件根据模型对所有个案进行分组,分组结果摘要见表 7-21,总体正确率为 69.3%。其中,讲师的正确率为 84.6%,副教授的正确率为 49.0%,教授的正确率为 48.3%,这一结果与日常经验基本相符,对于年龄不高的教师,判断其为讲师的正确性很高,而对于年龄较高的教师,是教授还是副教授则说不准。

表 7-21 分类结果

原始数据	三级职称	预测组成员			合计
		讲师及以下	副教授	教授	
计数[a]	讲师及以下	143	23	3	169
	副教授	36	48	14	98
	教授	2	13	14	29
	未分组的案例	1	1	0	2
%	讲师及以下	84.6	13.6	1.8	100.0
	副教授	36.7	49.0	14.3	100.0
	教授	6.9	44.8	48.3	100.0
	未分组的案例	50.0	50.0	0.0	100.0

a. 已对初始分组案例中的 69.3% 进行了正确分类。

7.3 分类变量与连续变量的双向分析

方差分析与 Logistic 回归分析和判别分析对变量的要求正好相反,方差分析要求自变量是离散定性变量,因变量是连续定量变量,而 Logistic 回归分析和判别分析要求因变量是离散定性变量,其中,Logistic 回归分析要求因变量是二分变量,这就为同一问题从两个方向进行分析提供了条件。

这种分别从两个方向分析比较不论在理论上还是实践上都有其意义,在反映某些社会现象的若干变量中,有些变量可以互逆解释,有些则不可以,即使可以互逆解释,多数情况下两个方向的概率也是不同的。不论是自然现象还是社会现象,如果具有两个状态点,称为两个事件 A 和 B,由于从 A 到 B 和从 B 到 A 的路径不是完全等同,所以导致在 A 条件下发生 B 的概率和在 B 条件下发生 A 的概率是不同的,即 $P(A \Rightarrow B)$ 不一定等于 $P(B \Rightarrow A)$。例如,高收入群体去高档餐厅用餐的频率与高档餐厅客户中高收入群体的频率常常不相等。所以在考察某些变量的相互影响时,最好从两个方向进行比较研究。下面以两个案例进行说明。

7.3.1 方差分析和 Logistic 回归分析

管理学院本科大四学生每年 3—6 月份会陆续找到实习工作并取得收入。为了研究学生的就业态度、行为和影响因素,学校发放了大量调查问卷,其中包括期望月薪和实际月薪的调查,表 7-22 是男生和女生月薪的平均值,表 7-23 是以性别为自变量对期望月薪和实际月薪做的方差分析。

表 7-22 男生和女生的月薪平均值　　　　　　　　(单位:元)

		N	均值	标准差	标准误
期望月薪	女生	254	2 775.59	890.68	55.89
	男生	107	3 154.21	1073.72	103.80
	总数	361	2 887.81	962.79	50.67

续表

		N	均值	标准差	标准误
实际月薪	女生	254	2 338.58	834.96	52.39
	男生	107	2 546.73	1 049.56	101.46
	总数	361	2 400.28	907.39	47.76

表 7-23　性别与期望月薪和实际月薪的方差分析表

月薪		平方和	df	均方	F	显著性
期望月薪	组间	1.079E7	1	1.079E7	11.998	0.001
	组内	3.229E8	359	899 482.643		
	总数	3.337E8	360			
实际月薪	组间	3 261 727.395	1	3 261 727.395	3.994	0.046
	组内	2.931E8	359	816 568.927		
	总数	2.964E8	360			

从表 7-23 中可以看出,男生的期望月薪和实际月薪均高于女生,而且差异显著。在期望月薪方面,显著性(Sig.)为 0.001,差异极其显著;在实际月薪方面,差异的显著性稍低一些,一般也认为是很显著或显著。

既然不同性别的期望月薪和实际月薪差异显著,下面尝试以月薪为自变量,以性别为因变量,研究月薪对性别的影响。显然,这种假设在现实中是荒谬的,在社会科学中,性别是天生的分组变量,自然是自变量,不可能是因变量。所以换一种说法也许更合适,将性别作为被预测或被解释变量,将收入作为解释变量,看看是否可以通过收入反过来预测性别。由于性别是二分变量,所以可以采用 Logistic 回归分析。模型综合检验的 Sig. = 0.003,说明模型中至少有一个变量具有显著性,模型汇总表为表 7-24,方程中变量的检验见表 7-25。

表 7-24　模型汇总

步骤	-2 对数似然值	Cox & Snell R^2	Nagelkerke R^2
1	427.029[a]	0.032	0.046

表 7-25 方程中的变量

		B	S.E,	Wals	df	Sig.	Exp（B）
步骤 1	期望月薪	0.000	0.000	7.861	1	0.005	1.000
	实际月薪	0.000	0.000	0.348	1	0.555	1.000
	常量	-2.156	0.421	26.264	1	0.000	0.116

从表 7-24 可以看出，两个 R^2 都过小，说明解释变量和被解释变量基本没关系。从表 7-25 中可以看出，不论是期望月薪还是实际月薪，其变量系数都是 0.000，说明收入的增加对性别的判断没有作用，而且变量"实际月薪"系数的显著性系数很高，不能作为对总体的估计。

通过上述分析可以得出结论，以性别作为学生的分组变量，男生和女生的期望月薪和实际月薪差异显著，男生的平均值高于女生，但是不可以做反向解释，即不可以通过收入的高低判断性别。

7.3.2 方差分析和判别分析

将变量"性别"换为变量"专业"，另外两个变量仍然是"期望月薪"和"实际月薪"，先进行方差分析，再进行判别分析。表 7-26 为不同专业的月薪均值比较。

表 7-26 各专业期望月薪和实际月薪平均值　　　　（单位：元）

自变量	专业	N	均值	标准差	标准误
期望月薪	信息管理与信息系统	28.00	3 571.43	1 152.41	217.78
	金融学	31.00	2 951.61	1 206.61	216.71
	金融保险	31.00	3 112.90	1 054.43	189.38
	工商管理	271.00	2 784.13	867.35	52.69
	总数	361.00	2 887.81	962.79	50.67
实际月薪额	信息管理与信息系统	28.00	2 571.43	1 245.10	235.30
	金融学	31.00	2 112.90	882.32	158.47
	金融保险	31.00	2 403.23	1 044.19	187.54
	工商管理	271.00	2 415.13	849.94	51.63
	总数	361.00	2 400.28	907.39	47.76

从表 7-26 中可以看出,不论是期望月薪还是实际月薪,都是信息管理与信息系统专业的学生最高。表 7-27 为方差分析,说明各专业学生的期望月薪具有显著性差异的组别,而实际月薪没有显著性差异。

表 7-27 不同专业月薪的方差分析表

		平方和	df	均方	F	显著性
期望月薪额	组间	1.770E7	3	5 898 399.684	6.663	0.000
	组内	3.160E8	357	885 185.356		
	总数	3.337E8	360			
实际月薪额	组间	3 440 342.833	3	1 146 780.944	1.397	0.243
	组内	2.930E8	357	820 643.220		
	总数	2.964E8	360			

注:E7、E8 分别表示 10 的 7 次方、10 的 8 次方。

下面继续用判别分析看看月薪是否可以区别学生的专业,表 7-28 为特征值。

表 7-28 特征值

函数	特征值	方差的 %	累积 %	正则相关性
1	0.064[a]	84.6	84.6	0.245
2	0.012[a]	15.4	100.0	0.107

a. 分析中使用了前两个典型判别式函数。

从表 7-28 可以看出,函数 1 贡献了方差的 84.6%,其作用明显大于函数 2。表 7-29 为函数检验表,从中看出函数 1 的显著性为 0.000,说明该函数的判别性很强,由该函数区别的各变量各组均值差异显著,而函数 2 的判别性不强。

表 7-29 函数检验表(Wilks 的 Lambda)

函数检验	Wilks 的 Lambda	卡方	df	Sig.
1 到 2	0.929	26.216	6	0.000
2	0.989	4.117	2	0.128

由于以实际月薪为主的函数2不具备显著性,重新进行判别分析,去掉实际月薪。先做一下方差分析,表7-30为期望月薪的方差分析表。

表7-30　期望月薪的方差分析表

专业(I)	专业(J)	均值差(I-J)	标准误	显著性
信息管理与信息系统	金融学	619.82	245.29	0.01
	金融保险	458.53	245.29	0.06
	工商管理	787.30	186.76	0.00
金融学	信息管理与信息系统	-619.82	245.29	0.01
	金融保险	-161.29	238.97	0.50
	工商管理	167.48	178.38	0.35
金融保险	信息管理与信息系统	-458.53	245.29	0.06
	金融学	161.29	238.97	0.50
	工商管理	328.77	178.38	0.07
工商管理	信息管理与信息系统	-787.30	186.76	0.00
	金融学	-167.48	178.38	0.35
	金融保险	-328.77	178.38	0.07

由表7-30可以看出,信息管理与信息系统专业和工商管理专业的差异最显著。继续做判别分析。表7-31是期望月薪与专业的判别分析特征值,此时仅有一个函数解释了全部方差,同时经过检验,该函数具有显著性。

表7-31　期望月薪与专业的判别分析特征值

函数	特征值	方差的%	累积%	正则相关性
1	0.056[a]	100.0	100.0	0.230

a. 分析中使用了前一个典型判别式函数。

表7-32为分类函数系数,从4个专业的分类函数系数比较接近可以看出,判别的效果不太好。

表 7-32　分类函数系数

	专业			
	信息管理与信息系统	金融学	金融保险	工商管理
期望月薪额	0.004	0.003	0.004	0.003
（常量）a	-8.591	-6.307	-6.860	-5.765

a. Fisher 的线性判别式函数。

根据表 7-32 写出各个专业的判别模型如下：

信息管理与信息系统：$F_1 = 0.004$ 期望月薪额 -8.591

金融学：$F_2 = 0.003$ 期望月薪额 -6.307

金融保险：$F_3 = 0.004$ 期望月薪额 -6.86

工商管理：$F_4 = 0.003$ 期望月薪额 -5.765

依据模型，表 7-33 给出了分类结果，即以期望月薪判断学生所属专业的结果。

表 7-33　分类结果

	专业	预测组成员				合计
		信息管理与信息系统	金融学	金融保险	工商管理	
次数统计	信息管理与信息系统	18	0	0	10	28
	金融学	15	0	0	16	31
	金融保险	15	0	0	16	31
	工商管理	85	0	0	186	271
百分比(%)	信息管理与信息系统	64.3	0.0	0.0	35.7	100.0
	金融学	48.4	0.0	0.0	51.6	100.0
	金融保险	48.4	0.0	0.0	51.6	100.0
	工商管理	31.4	0.0	0.0	68.6	100.0

由表 7-33 的分类结果可以看出，依据判别模型，用期望月薪解释学生所属专业，正确性仅有 56.5%。方差分析表明，信息管理与信息系统和工商

管理这两个专业学生的期望收入差异最大,同时判别分析也说明,可以依据收入水平高低预测这两个专业,正确率分别为64.3%和68.6%,金融学与金融保险学的差异不显著,同时在判别分析中对金融学和金融保险学两个变量的预测100%失败。

上述现象在生活中很常见,我们一般都有这样的经验:某类人常具有某特征,但是如果反过来,当见到具有某特征的人时,很难认定他或她是否为该类人,其准确性在有些条件下很低,而有些条件下可能较高。总之,从两个相对的方面同时研究,有助于更深入地认识问题。

7.4 决策树模型

7.4.1 决策树方法简介

决策树(Decision Tree)是一种对目标变量(因变量)进行分层分类的模型。它与聚类分析在以下两方面不同:第一,聚类分析是事先没有类别,根据数据分布特征划分类别,然后再将样本归类,而决策树是事先有类别,即以变量的取值作为类别划分的界限,然后根据数据分布特征对样本归类。第二,用以进行聚类分析的各个变量的地位是同等的,没有自变量与因变量的关系,而进行决策树分析的变量是有层次的。

决策树模型在形式上是将变量自顶向下(或自左向右)按层次展开,在每一层以变量的取值作为节点,计算节点上的统计参数。目标变量在顶层,也就是树根层,下层就是自变量对目标变量的分类。决策树最大的特点是依据卡方检验等特定算法,自动地将分类能力最强的自变量挑选出来,并排在树根下层。分类的原则是"类之间异质,类中间同质",越符合分类原则的变量,分类能力越强。

如果有一个目标变量(因变量)A的取值受到自变量B、C的影响,也就是因变量A的取值可以被自变量划分类别,而且这种影响具有层次性,或研究的目的希望以层次的形式描述,则可以选择决策树方法。建立决策树模型的步骤如下:

(1)根据研究目标确定一个因变量和若干自变量,将因变量和自变量选入分析软件的相应对话框中。

(2)选择方法。SPSS提供了4种方法,即CHAID法、Exhaustive CHAID(穷举法)、CRT法和QUEST法。CHAID法和Exhaustive CHAID法都是利用卡方检验来选取分类能力最强的变量,并划分合并类别,二者在图形输出中都给出了显著性检验结果,默认为0.005,系统自动将不显著的节点删除。Exhaustive CHAID法是对CHAID法的改进。CRT法和QUEST法分析得更为精细,采用二叉树的方法将因变量进一步分层。一般情况下,先采用CHAID或Exhaustive CHAID法进行分析,从整体上考察数据特点。如果认为有必要对第一层进一步分层的话,可以再采用CRT法或QUEST法。

(3)试分析。决策树分析同样需要反复多次尝试,首先在默认条件下点击"确定",进行第一次尝试性分析,并观察结果,看看结果是否满意。

(4)设定参数。在观察数据之后再重新有针对性地修改默认参数,包括改变方法。上述步骤可能反复进行,直到得出满意的模型。

(5)解释结果。展示模型结果,解释主要参数。

7.4.2 决策树方法应用举例

继续以上述4个变量(职称、性别、教育程度、年龄段)的数据为例,进行决策树分析,将职称作为因变量,变量形式改为"字符串",具有3个取值:讲师及以下、副教授、教授,其余变量作为自变量(如图7-3所示)。

在采用CHAID法进行第一次试分析时,模型只展示到第一层为止,以"年龄段"作为对职称的分类变量,而将有关变量"性别"和"教育程度"的节点都删掉了。这时就需要通过修改参数来增加节点数量。在条件参数设定中,有最小个案数的设定。子节点默认为50,将其改为30后再进行尝试。界面设置如图7-4所示,得到结果如图7-5所示。

从图7-5可以看出,按照年龄将职称变量分为三大类,且这三类差异显著,系统自动将"41~50"和"51以上"这两个年龄段合并为一类,即节点2。

图 7-3 用 SPSS 进行决策树分析的变量选择界面

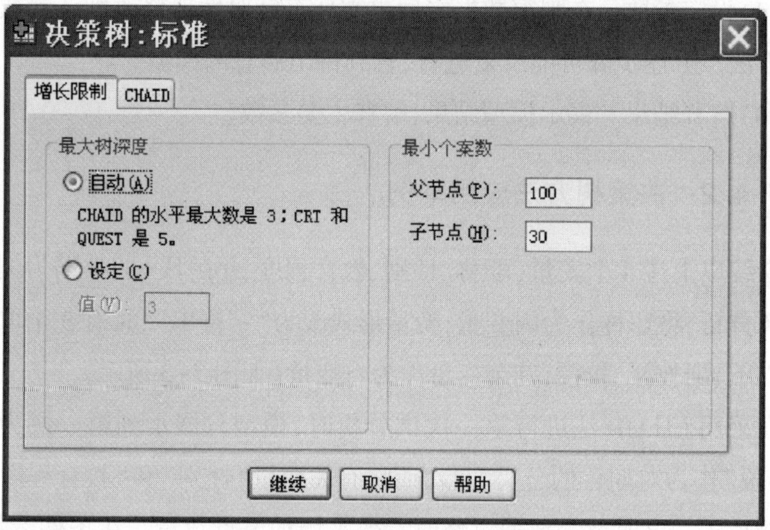

图 7-4 条件参数设定界面

从直观上可以看出这三类的差别和规律明显。节点为 30 岁以下类别,100% 都是讲师;节点 1 为中青年类别,讲师比率为 71%;而在节点 2,讲师比率下降至 22.2%,其中,副教授占据多数,为 53.8%,教授为 23.9%。由此可以看

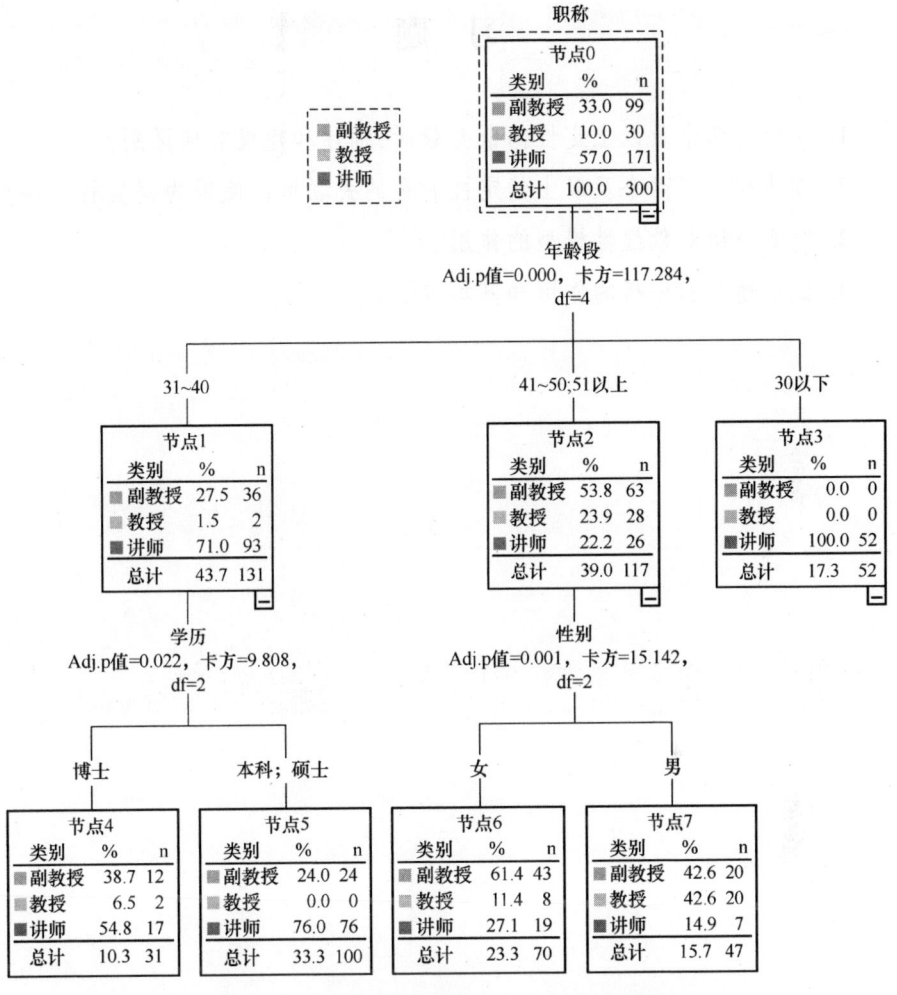

图 7-5 职称、年龄、性别和学历的决策树模型

出,职称首先与年龄有关,年龄大者职称较高。

再看第二层,只有在中青年列别中学历才有显著影响,节点1通过学历分为两大类,即博士类(节点4)和硕士类(节点5),其中,博士类的高级职称明显高于硕士类。在中老年教师类(节点2)中,对职称影响最大的变量是"性别",女性类(节点6)中的副教授比率高于男性类(节点7),但是教授比率远低于男性。

习 题

1. 在分析两个及以上定性离散变量时,描述和建模有何区别?
2. 描述和分析两个及以上的定性变量的关联可以使用的模型有哪些?
3. 简要介绍对数线性模型的作用。
4. 试描述判别分析的作用和基本方法。

参考文献

[1] 陈晓萍,徐淑英,樊景立. 组织与管理研究的实证方法[M]. 北京:北京大学出版社,2008.

[2] 石亚军. 中国行政管理体制实证研究——问卷调查与数据分析[M]. 北京:中国政法大学出版社,2010.

[3] 戴维·K. 希尔德布兰德,等. 社会统计方法与技术[M]. 北京:社会科学文献出版社,2005.

[4] 风笑天. 社会调查中的问卷设计[M]. 北京:中国人民大学出版社,2014.

[5] Floyd J. Foeler Jr. 调查问卷的设计与评估[M]. 蒋逸民,等,译. 重庆:重庆大学出版社,2010.

[6] 贾俊平,何晓群,金勇进. 统计学[M]. 3版. 北京:中国人民大学出版社,2007.

[7] 何晓群. 多元统计分析[M]. 北京:中国人民大学出版社,2004.

[8] 吴喜之,赵博娟. 非参数统计[M]. 北京:中国统计出版社,2009.

[9] 王星. 非参数统计[M]. 北京:清华大学出版社,2009.

[10] Alan Agrest. 分类数据分析[M]. 齐亚强,译. 重庆:重庆大学出版社,2012.

[11] Eun Sul Lee. 数据分析方法五种[M]. 上海:格致出版社,上海人民出版社,2011.

[12] 史希来. 属性数据分析引论[M]. 北京:北京大学出版社,2006.

[13] 武森,高学东,M. 巴斯蒂安. 数据仓库与数据挖掘[M]. 北京:冶金工业出版社,2003.

[14] 赵国栋. 网络调查研究方法概论[M]. 2版. 北京:北京大学出版

[15] Herbert A. Simon. 人工科学:复杂性面面观[M]. 武夷山,译. 上海:上海科技教育出版社,2004:75.

[16] 钟义信. 信息科学原理[M]. 3版. 北京:北京邮电大学出版社,2002.

[17] 邱菀华. 管理决策与应用熵学[M]. 北京:机械工业出版社,2002.

[18] 李永平. 数据处理方法与技术[M]. 北京:国防工业出版社,2009.

[19] Zhao Hui Tang, Jamie MacLennan. 数据挖掘原理与应用:SQL Server 2005 数据库[M]. 祝芳,等,译. 北京:清华大学出版社,2007.

[20] 邱皓政. 量化研究与统计分析:SPSS 中文视窗版数据分析范例解析[M]. 重庆:重庆大学出版社,2009.

[21] 谢龙汉,尚涛. SPSS 数据分析与数据挖掘[M]. 北京:电子工业出版社,2012.

[22] 卢纹岱,吴喜之. SPSS 统计分析[M]. 4版. 北京:电子工业出版社,2012.

[23] 杜智敏. 抽样调查与 SPSS 应用[M]. 北京:电子工业出版社,2010.

[24] 周俊. 问卷数据分析:破解 SPSS 的六类分析思路[M]. 北京:电子工业出版社,2010.

[25] 杨维忠,张甜,刘荣. SPSS 统计分析与行业应用案例详解[M]. 3版. 北京:清华大学出版社,2011.

[26] 刘丽. 基于关联规则的数据挖掘技术综述[J]. 现代计算机(专业版),2011(7):25-27.

[27] 张士玉,郝旭光. 基于关联规则的调查问卷多项选择题分析[J]. 图书情报工作,2011,55(10):41-45.

[28] 杜红亮,赵志耘. 国内外软科学方法研究的回顾与展望[J]. 中国软科学,2010(2):179-185.

[29] 郭建军,马铁丰,吉永娇. 统计理论方法和应用、社会经济统计研

究新进展:第十届中日统计研讨会会议论文综述[J].统计研究,2011(3):109-112.

[30]谷彬,赵彦云.非参数统计作用与发展[J].中国统计,2007(4):56.

[31]樊冬梅.统计与数据挖掘的关系探讨[J].中国市场,2006(35):30-31.

[32]韦博成.漫谈统计学的应用与发展(1)[J].数理统计与管理,2011,30(1):86-97.

[33]韦博成.漫谈统计学的应用与发展(2)[J].数理统计与管理,2011,30(2):254-270.

[34]韦博成.漫谈统计学的应用与发展(3)[J].数理统计与管理,2011,30(3):454-266.

[35]何大义.熵在数据分析中的应用研究[J].统计与决策,2005(8):27-29.

[36]谢赤,钟赞.熵权法在银行经营绩效综合评价中的应用[J].中国软科学,2002(9):108-110,107.

[37]马丽仪,邱菀华,王文学.基于熵权的信息工程监理风险评估[J].经济管理,2007,(18):60-63.

[38]张士玉,郝旭光.抽样调查中对定性变量之间关联分析的方法选择[J].数理统计与管理,2014(6):1038-1047.

[39]张晋昕,李河.回归分析中定性变量的赋值[J].循证医学.2005,5(3):160-171.

[40]张近乐,任杰.熵理论中熵及熵权计算式的不足与修正[J].统计与信息论坛.2011,26(1):3-5.

[41]朱建平,曾玉钰.基于属性重要性的定性数据聚类分析及应用[J].计算机技术与发展.2007,17(12):89-95.

[42]黄强,鞠敬,刘强.利用SPSS分析调查表中的多项选择题[J].现代预防医学.2005,32(17):1473-1474.

[43]王林昌,刘华龙,贾曾科. 基于熵的群决策专家选择研究[J]. 数学的实践与认识. 2010,40(18):51-54.

[44]田振清,杜鹏东. 单项选择题等价选项的信息熵分析[J]. 内蒙古师范大学学报(自然科学汉文版). 2005,34(4):448-450.

[45]王锋锐,蒋同海,李树仁. 评测数据挖掘过程方法的研究[A]. 第十七届全国数据库学术会议论文集(技术报告篇),2000.

[46]顾志良,何勤,边婷婷,张士玉,等. 地方高校教师职业倦怠成因及释缓研究[R]. 2010.

[47] Robert Castelo, Paolo Giudict. Data mining and knowledge discovery[J]. Kluwer Academic Publishers, 2001, 5:183-196.

[48] Ray Kent. Rethinking data analysis (part two): some alternatives to frequentist approaches[J]. International Journal of Market Research, 2009, 51(2):181-201.

[49] Huang Guan-Hua, Wang Su-Mei, Hsu Chung-Chu. Optimization-based model fitting for latent class and latent profile analyses[J]. Psychometrika, 2011, 76(4):584-611, 28.

[50] Microsoft. Microsoft SQL Server 2005[E]. Help Document.

[51] Baratpour S. Entropy properties of record statistics[J]. Statistical Papers, 2007, 48(2):197-213, 17.

[52] David W., Hosmer Jr, Stanley Lemeshow, Rodney X. Sturdivant. Applied Logistic Regression[M]. Hoboken, New Jersey: John Wiley & Sons, Inc, 2013.

[53] Jerome Friedman, Trevor Hastie, Robert Tibshirani. Additive logistic regression: a statistical view of boosting (with discussion and a rejoinder by the authors)[J]. Annals of Statistics. 2000, 28(2):337-407.

[54] Gary King, Langche Zeng. Logistic Regressionin Rare Events Data[J]. Political Analysis, 2001, 9(2):137-163.